KB206392

모든 삶의 구비구비마다
저를 업고 걸으신 주님,
감사합니다. 사랑합니다.

일러두기

1. 본문의 사진 및 그림은 다음을 제외하고는 모두 필자와 그 가족의 것이다.

　122면 안골 예배당 전경 사진: 박석우 집사님.

　128면 안골 예배당 내 십자가 사진: 이정호 집사님.

　304면 안골 예배당 전경 그림: 전농감리교회 장미혜 사모님.

2. 127면 사진 설명: '천천히 살자'를 쓰고 계신 안골교회 이정호 집사님.

산 너머
안골에는
누가
살길래

서울 떠난 김선생,
스무 해 시골교회 사역 이야기

김진희 지음

북인더갭
BOOKintheGAP

내 나이 스물셋에 신학교에서 만난 열두살 많은 지체장애 2급 아저씨와 내면의 울림에 따라 결혼했다. 결혼 후 진짜 하고 싶은 일이 교사라는 걸 발견하고는 뒤늦게 교육대학원에 진학하여 꿈에 그리던 사립고등학교 교사가 되지만 교직생활 만 2년 만에 학교에 사표를 쓰고 예산의 강원도라 불리는 오지마을 안골로 삶의 적을 옮겼다.

서울 태생으로 낯선 자연 속에 적응하느라 고군분투하는 동안 시골에서 평생 한글도 모르고 살던 촌부들, 문명과 문화로부터 소외된 장애인들을 만나면서 나를 이곳으로 내려보내신 하늘의 뜻을 깨달았다. 요즘은 4년 전 또다시 뇌출혈로 쓰러진 남편을 20시간 이상 간병하면서 여전히 외적 환경에 지배당하지 않고 그것을 뚫고 나오는 강인한 영적 생명력에 집중하며 살고 있다.

모든 영혼은 자신이 어떤 삶을 살게 될 것임을 미리 알고 선택해서 태어난다는 말을 수많은 영성가들에게서 들었다. 나는 몰랐으나 아마 내 영혼은 알고 있었던 것 같다. 20대 초반, 아무 가진 것 없고 스물여섯 젊은 나이에 뇌출혈로 좌반신이 마비된 남자와 사랑에 빠질 때부터… 이미 내 인생의 시나리오는 신의 각본대로 움직이고 있었던 것이 분명하다.

결혼하기 직전 남편과 한 약속이 생각난다. 나는 미국에 공부하러 가고 싶어했는데 남편은 시골 가서 살겠다고 했다. 자기는 미국엔 절대 안 간다며… 연애할 때라 아무 생각 없이 대답했다. "그래? 그럼 그러지 뭐." 그 말은 씨가 되고 마침내 현실이 되었다. 아이들과 미친 듯이 교실에서 실존적 교감을 나누던 어느날, 남편은 죽기 전 하늘과 한 약속을 지켜야 한다며 시골로 목회를 하러 내려가겠다는 폭탄선언을 한다. 도대체 그 말도 안 되는 이야기를 처음엔 받아들일 수 없었다. 남편 말을 무시하고 내가 하고 싶은 대로 살다가 과로로 피로가 누적되기 시작했고, 이러다 죽을 수도 있겠다 싶을 즈음 아산에서 열린 전국교사세미나에 참여했다가 어느 목사님을 통해 하나님의 음성을 듣는 충격적인 체험을 했다. 나는 주저없이 시골로 내려가기로 결정했다.

아산에서 서울로 돌아오자마자 학교에 사표를 냈지만 갑작스런 사표는 결국 반려되었고 6개월 후에야 서울을 떠나 충남 예산(예산이 어디 있는지 몰라 내려오기 전 지도를 찾아봐야 했다) 오지마을 안골에 내려오게 되었다.

이 책은 2001년 바로 거기서부터 출발한다. 안골에 정착하면서 펼쳐지는 이 모든 이야기는 하늘의 섭리가 켜켜이 조각된 거대한 모자이크를 정확하게 맞춰가는 순간들의 모음이다. 지금도 여전히 이야기는 진행중이다. 내가 선택한 모든 것의 이유를 20년 동안 알게 된다는 것처럼 놀라운 일이 있을까? 2천년 전 예수를 만난 사람들이 쓴 증언이 신약성서라면 안골교회 이야기를 통해 신약성서는 지금도 여전히 씌어지고 있다.

차례

1부

떠남

2001-2003

주님, 나에게 귀를 기울이시고, 응답하여주십시오.

나는 가난하고 궁핍한 사람입니다.

그러나 나는 신실하오니,

나의 생명을 지켜주십시오.

—시편 86: 1

안골에서의 첫 출발

드디어 이 첩첩산중 오지에서 인터넷이라는 걸 하게 되었다!
모뎀으로 연결한 거라 접속시간이 무지 오래 걸리지만 그래도
이렇게나마 글을 올리게 되어 얼마나 감격스러운지… 일년 동안
비어 있던 집을 수리하느라 수도, 전기, 보일러부터 시작하여 안
테나에 전화선까지 다 연결하고 나니 일주일이란 시간조차 짧게
느껴진다. 이삿짐도 거의 정리되고 엊그제는 동네 어른들을 다
모시고 잔치까지 치렀다. 식구도 늘었다. 앙고라 토끼인 예솔이
와 백구인 예원이. 오늘 처음 양평에서 데리고 온 예원이는 두 달
된 진돗개인데 여지껏 낑낑거리다 이제 겨우 잠잠해졌다. 휴…
이것이 오늘 나를 어쩌나 애를 먹이던지… 전 주인 찾아간다고
이리 뛰고 저리 뛰고 도망 다니는 것을 겨우 쫓아가 목줄을 채웠

다. 앞으로 3일 동안 깊은 애정을 주지 않으면 다시 도망간다니 목숨 걸고 사랑할 수밖에⋯ 그리고 고작 한 마리 있는 토끼는 얼마나 먹성이 좋은지 오늘도 아침 내내 토끼에게 줄 풀을 뜯다가 가시덤불에 긁혀 팔이 만신창이가 되었다.

17가구밖에 되지 않는 작은 마을 안골. 동네 사람들이라고는 다 할머니, 할아버지뿐이지만 인심 좋기로 유명하다. 아이라고는 내 딸 하나밖에 없고 사방을 둘러봐도 가게 같은 것은 보이지 않는다. 제대로 된 슈퍼마켓에 가려면 12킬로미터나 떨어진 읍내로 나가야 하는 곳이니 상상이 가는지⋯ 밤마다 하는 기도에 빠지지 않는 문장은, "뱀을 만나더라도 당황하지 않는 용기를 주시옵소서."

늦여름 산기슭이라 대낮에도 어른 팔뚝만한 뱀이 다니고 파리, 모기는 기본에다 생전 보지도 못한 온갖 벌레들과 함께하는 시골에서의 생활이 이젠 별로 낯설지 않다. 거실에서 밖을 내다보면 푸른 예당저수지가 보이고 집 옆에는 오래된 소나무 한 그루가 그림같이 서 있다. 집 뒤로 올라가면 빽빽하게 차 있는 멋진 소나무 숲이 있고 산비둘기 한 쌍이 언제나 정답게 사랑을 나누는 곳. 안골에서의 생활은 이렇게 정겨운 풍경으로 자리잡아가고 있다.

딸아이가 다니는 학교는 전교생이 25명에다 선생님은 고작 3명. 워낙 산간벽지에 있는 학교라 앞으로 5년 동안 급식과 우유를 무상으로 공급한다는데 희원이는 그 혜택을 졸업할 때까지 톡톡히 받게 되었다. 수업 시간이라는 게 따로 없고 아이들이 학교에 도착하면 시작한다. 학생 수가 워낙 적어 1, 2학년이 같이 수업을 받고 숙제나 공부에도 그다지 신경쓰지 않는다. 검게 그을린 얼굴로 뛰어나와 얼마나 열심히 인사를 하는지… 학교에 간 첫날부터 친구들을 사귀어 학교 가는 게 재미있다고 들떠 있는 딸아이를 보니 얼마나 마음이 기쁘던지…

소박하게 꾸며놓은 예배당에서 첫 예배도 은혜롭게 드렸다. 감격에 겨워 나는 예배드리는 내내 울음을 멈추질 못했다. 그저 하나님께 감사드릴 뿐. 앞으로 안골에서 가난과 청빈과 침묵의 도를 잘 배우길 기도했다.

자연 속의 삶

오늘 이 마을에서 몇 안 되는 한 성도님(물론 다른 교회에 다니시지만)이 탐스런 호박을 하나 가지고 오셨다.

"이거 호박인데 해 잡술 줄 아시나?"

세상에… 직장 다니느라 살림에 익숙지 못한 나지만 무시하셔도 분수가 있지, 호박을 요리할 줄 모르다니…

"그럼요, 제가 된장찌개를 얼마나 잘하는데요."

서울 사람들은 아무것도 모르는 줄 아신다. 특히 젊은 여자들은. 그렇게 너스레를 떨면서도 너무나 감사한 마음이 들었다. 서울에선 대형마트에 그득 쌓여 있는 것이 호박이지만, 시골에서 그거 하나 키우려면 부지런히 거름 주어야 하고, 또 요새 가뭄이라 큰 호박 구경하기가 보통 힘든 게 아니다. 하우스에서 키운 게 아니라 자연풍을 쐰 천연호박인지라….

"힘들게 키우셨는데 너무 감사합니다."

"아이, 뭘요….”

좀 들어와서 쉬었다 가시라고 해도 총총걸음으로 내려가시는 아주머니를(물론 나에게는 할머니뻘 되지만) 보면서 가슴 한쪽이 뭉클했다. 허리 수술 하셨다며 늘 힘들어하시는 분이 호박 하나 주려고 애써 발걸음을 옮기신 것이다.

사람 사는 맛이 묻어난다. 뭐든 나눠야 사람도리로 아는 이 작은 마을에서 의미 있는 시간들을 보냈으면 하는 것이 바람인데 아직 탱탱 남아도는 시간을 잘 운용할 묘안이 떠오르지 않는다. 이것이 이제부터 시작되는 내 안골마을의 삶에서 해야 할 숙제라고 생각하며 내년 봄 집 앞에 남는 터를 갈아 호박이며 가지며 옥수수, 그리고 상추까지 심을 상상을 해본다. 작은 터인데도 김장배추를 100포기나 심을 수 있다고 하니 정말 가슴이 설렌다. 욕심 부리지 말고 한걸음 한걸음 천천히 내딛어야지….

별이 뚝뚝 떨어질 것 같은 밤.

아직도 심장이 벌렁거리고 진정이 되지 않는다. 낮에 일어난 이 엄청난 사건을 생각하면 심장이 약한 나는 여전히 숨이 가빠진다.

운전면허증을 발급받고 돌아와 팔을 걷어붙이고 축사를 청소하기 시작했다. 동물을 기르되 자유롭게 해주고픈 마음에서 시작한 일이었다. 원래 닭장이었지만 조금만 손을 보면 토끼도 얼마든지 키울 수 있을 것 같아 구멍이 있는 곳을 열심히 땜질해서 완성시킨 뒤 토끼 예솔이를 조심스럽게 꺼내어 우리에 집어넣었다. 그 와중에 버둥대는 예솔이 발톱에 팔목이 확 긁히긴 했어도 참을 만했다. 열심히 새 우리를 뛰어다니는 예솔이를 흐뭇하게 바라보고 있는데 글쎄 이 녀석이 어디서 귀신같이 틈새를 발견하고는 밖으로 빠져나가는 것이 아닌가! 냅다 뛰어서 토끼 귀를 잡고 틈새를 막으려던 중 나는 그만 힘차게 버둥대는 예솔이를 놓치고 말았다. 바로 그때 사냥 기질이 출중한 진돗개 예원이가 이 광경을 목격하고 눈썹이 휘날리게 쫓아와서 쫓고 쫓기는 추격전이 잠시 벌어지는가 싶더니 밭이랑 아래로 도망가는 토끼 예솔이를 예원이가 덮쳤다.

풀숲 뒤에서 소리가 없더니 잠시 후 예원이가 예솔이 목덜미를 물고 조용히 걸어 나오는 것이 아닌가! 나는 동네방네 떠나가라 토끼 좀 살려달라고 소리를 질렀고 결국 이 소리에 놀라 뛰어

나온 아줌마와 아저씨들 중 한 분이 달려오셨다. 나는 급한 김에 나뭇가지 하나를 들어 예원이를 쫓아 보냈지만 토끼는 몸이 축 늘어진 채 가쁜 숨만 쉬고 있었다. 아저씨는 살았다고 하시며 괜찮을 거라고 나를 위로하셨지만 여전히 불안함을 감출 수 없었다. '예솔아, 미안해. 다 내 불찰이야. 내가 잘못했어….' 다시 우리 안에 놓인 예솔이는 가쁜 숨을 헐떡이더니 잠시 후 벌떡 일어나는 것이었다. '그래! 너 살았구나!' 그러나 환호성도 잠시, 예솔이는 몇 발자국 못 가서 다시 축 늘어졌다. 그 누운 태가 예사롭지 않아서 나는 가까이서 숨을 쉬는지 확인했지만 토끼는 미동도 하지 않았다. 예솔이의 죽음을 확인한 나의 눈에서는 한없는 눈물이 흘러나왔다. 어쩌자고 이런 미친 짓을 시작했을까? 그냥 가만히 내버려두었더라면 이런 참담한 일은 당하지 않았을 터인데… 심한 죄책감이 밀려와 참을 수 없었다. 산과 들을 마음껏 뛰어다니는 백구 예원이를 보고 우리 예솔이도 저렇게 자유롭게 해주고 싶은 마음이었는데 나의 순수한 동기가 이런 끔찍한 결과를 맞이할 줄이야…

예솔이의 죽음을 듣고 희원이도 울기 시작했다. 그러나 아무도 예원이를 원망하지는 않았다. 지나가는 동네 아저씨가 진정이 안 되는 나를 위해 예솔이를 산에다 묻어주셨다.

"쯧쯧… 그렇게 심장이 약해가지고 시골에서 어떻게 살려고 그러나…. 이제 조금 더 살다보면 적응이 돼."

예솔이의 운명은 이게 다였나보다. 눈이 부신 하얀 앙고라 토끼 우리 예솔이. 얼마나 예쁘게 생겼는지…. 이제는 가고 없다.
앞으로 토끼는 안 키울 작정이다. 그리고 동네 사람들이 진돗개
가 사납다고 모두 묶어놓으라고 야단이지만 조금 더 지켜봐야겠
다. 자신의 본성에 충실히 따른 것을 탓할 수야 없지 않은가….

   p. s. 얼마 지나지 않아 결국 진돗개 예원이를 묶어놓을 수밖에 없
었다. 밤새 마을 개들이 짖길래 이유를 몰랐는데 알고보니 예원이가
온동네를 휘젓고 다닌 탓이었다. 몇몇 마을 사람들이 몹시 화가 났
다고 아랫집 아주머니가 알려주셨다. 그때 놀란 걸 생각하면…

서캐와의 전쟁

이사 온 지 2주 정도 되었을까? 희원이 학교 친구들을 집에 초
대했다. 또래 친구라고 해봐야 두 명인데 희수와 정연이라고 했
다(모두 가명). 정연이 머리카락이 자꾸 눈을 찌르는 것 같아 머리
핀을 꽂아주려고 앞머리를 올리는 순간 나는 삐져나오는 비명을
입으로 틀어막았다. 머리카락 한올 한올마다 주렁주렁 달린 서
캐(이의 알)들. 머릿속은 온통 하얀 서캐바다였다. 괜히 친구의 자
존심을 건드릴까봐 희원이한테도 얘기하지 못하고, 언제 장날

나가서 참빗을 사와야겠다는 생각만 했다. 그래서 우리집에 놀러왔을 때 자연스럽게 빗겨주어야지….

며칠 후 희원이의 머리를 묶어주는데 서캐가 언뜻 보였다. 지각을 하든 말든 머릿속을 샅샅이 뒤져 서캐 다섯 개를 뽑아내었다. 그러고는 친구들과 놀더라도 머리를 비비며 놀지는 말라고 조심스럽게 충고했다.

머리를 열심히 감기고 신경을 쓴다고 썼는데 오늘 나는 또 한 번 충격적인 사건의 현장을 목도하고야 말았다. 이번엔 무려 50개나 되는 서캐를 발견한 것이다. 희원이가 하는 말 "내 친구 희수는 머리를 긁적이다 이를 잡아가지고는 톡하고 죽인다?" 오, 주여…. 믿고 있던 희수까지 서캐도 아니고 살아있는 이를 키우고 있다니….

아는 사모님 딸도 학교에서 이를 옮겨와 집안 식구 전체가(심지어 할머니까지) 머리에서 이를 제거하느라 난리 법석을 떨었다고 하던데… 저녁 내내 희원이의 머리카락을 살펴보다 시골의 열악한 가정 환경에 오히려 가슴 아프다고 해야 할지, 시골에서 이런 것쯤이야 당연하다고 해야 할지 한숨만 내쉬다 이 글을 쓴다.

고등학교 2학년 땐가 학교 신문에 글을 쓴 적이 있다.

"…가을이 왔지만 누구 하나 떨어지는 낙엽에 눈길 주지 않고 독서의 계절이라지만 책 읽는 사람 하나 없다…."

뭐 대충 그런 문장으로 시작되는, 그 당시 열악한 교육 환경을 비판하는 냉소적인 내용의 글을 게재했었는데 그 글을 보신 담임선생님께서 나를 회색분자라는 표현으로 응대하셨던 기억이 난다.

강산도 변한다는 10년 후 숭실고에 교사로 있으면서 느낀 건 컴퓨터 좀 많이 쓴다는 것 빼고는 그때나 지금이나 달라진 게 하나도 없다는 거다. 이렇게 파란 하늘에 서늘한 햇빛이 부서지던 날. 나는 얼마나 어디론가 떠나고 싶어했던가….

지금 이 맑고 청정한 지역에서 무뎌지도록 물오른 가을의 경치를 보고 있노라니 옛 생각이 난다. 집집마다 누런 감이 주렁주렁 달리고 길가에는 벼를 말리느라 손들이 부지런히 움직인다. 은행은 제 무게를 이기지 못해 툭툭 떨어져 마른 땅을 뒹굴고, 배추는 뿌리 깊게 내려앉아 그 성기던 잎을 실하게 보듬는 아름다운 결실의 계절. 점차 잎이 떨어지면서 여름내 가리어진 하늘과 땅의 여백들이 그 모습을 드러낸다. 그래서 가을이 또한 아름답지 않은가….

2001년 12월 21일(금) 오후 3시에 이 작은 안골 예배당에서 음악회가 열린다.

예산에 온 지 3개월여 동안 가장 의미 있는 일이라고 한다면 예산 지역 장애인 차량봉사대 '곰두리' 회원들을 만난 것이다. 예산에는 3,000여 명의 장애인들이 있는데 중증 장애인이 대부분이다. 태어나서 한번도 바깥출입을 해보지 못한 전신마비 환자와 반신불수, 소아마비, 중풍 환자 등 힘겨운 삶을 지탱하고 있는 분들이 많이 있다. 곰두리 장애인 차량봉사대는 이런 분들을 조금이라도 돕기 위해 장애인들이 자체적으로 조직한 단체다.

얼마 전 남편과 칼국수를 같이 먹는데 남편이 먹다 말고 눈물을 뚝뚝 흘리길래 깜짝 놀라서 왜 그러느냐고 물었더니 이렇게 아내가 끓여주는 따뜻한 칼국수를 먹고 있는 게 철수(가명) 씨한테 너무 미안하고 죄스러워서라고 했다.

곰두리회 총무인 이철수 씨는 태어날 때부터 지독한 사시에다 두 다리가 말린 중증 장애인이다. 그러나 더 기가 막힌 건 하나밖에 없는 형도 지적 장애인인 데다가 나이 드신 어머니까지 몸이 성치 않으셔서 나라에서 주는 쥐꼬리만 한 생활 보조비로 늘 버거운 형편이라는 사실이다. 희망을 가질 수 없는 삶. 그러나 그는 항상 웃고 있다. 그래서 더 슬프다.

그가 우리집을 방문한 날 나는 따끈따끈한 파전을 부쳐 내드렸다. 그는 제일 좋아하는 음식이 파전이라고 했다. 우연의 일치인가, 아니면 하나님께서 시키신 일인가….

곰두리 차량봉사대 회원들은 우리집 일도 많이 도와주었다. 두 손가락이 없는 기호(가명) 씨, 경미한 지적 장애가 있는 민호(가명)씨, 그리고 휠체어를 타고 온 철수 씨. 기호 씨가 모든 일에 있어서 베테랑이고 민호 씨는 보조다. 철수 씨는 운전을 하고. 기호 씨와 민호 씨가 형광등을 교체하고 김칫독을 묻고, 밖에 나와 있는 수도꼭지를 짚과 비닐로 꽁꽁 싸매주었다. 그들은 마치 자기 일처럼 너무도 꼼꼼하고 빈틈없이 일을 한다. 보고 있기만 해도 감동이 밀려온다. 어찌 이렇게 사심 없는 사람들이 있을까?

따뜻한 국수 한 그릇씩 말아주겠노라고 하는 내게 민호 씨는 말한다. "봉사하는 사람은 그냥 가는 거유. 얻어먹으면 멋이 없슈. 지는 봉사 4년째유…" 봉사 4년째를 항상 강조하는 민호 씨. 그의 능청스러움에 다 같이 웃는다. 눈에 정겨운 눈물이 머금어지는 웃음.

우리는 이들을 위해 작은 음악회를 갖기로 했다. 추워지는 겨울 누군가의 따뜻한 말 한마디라도 위로가 되는 이들에게 따뜻한 음악을 선물하고자 했다.

감사하게도 작곡가 김활성 선생님이 와주신다고 했다. 그리고 이번에 귀국 독주회를 한 친구 재은이가 기꺼이 피아노를 연주하겠노라며 나의 어려운 부탁을 흔쾌히 들어주었다. 태어나서 피아노 소리 한번 들어보지 못하고 피아노 치는 모습 한번 보지 못한 사람들이 있다는 게 여기서는 그리 놀라운 일이 아니다. 최재호 선생님께는 마술을 부탁했다. 그들이 너무 좋아할 것 같아서. 그들은 더불어 앉은 작은 밥상에도 감사할 줄 알았고 정말 행복해했다.

그런 이들과 함께하는 이번 음악회가 우리 모두에게 작지만 아름다운 시간이 되었으면 좋겠고 예수 그리스도가 보여준 소박한 나눔의 복음을 풍성하게 누릴 수 있길 소망해본다.

안골 엽기 퍼레이드

예산하고도 깡시골 안골에 들어와서 엽기적인 일이 너무 많아 놀란 가슴을 쓸어내려야 하는 게 앞으로 언제까지 계속될지… 걱정이다. 앙고라 토끼의 죽음을 목도하고 숨가쁘게 글을 써내려간 게 불과 석 달 전. 그 후 말로만 듣던 머리통이 세모난 파란 독사가 현관문 앞에서 발견되었고, 다행히 동네 아저씨가 마실 오시면서 대나무 작대기로 머리통을 비틀어 죽이는 바람에 화를 면했지만 그 죽은 독사를 진돗개 예원이가 물고 다니는 걸 보면서 얼마나 비위가 상하던지 식욕을 완전히 상실할 정도였는데…

며칠 후 창고를 치우면서 썩은 종이박스 사이로 꼬물대는 쥐새끼 대여섯 마리마저 목격했다. 갓 태어난 듯 보이는 그 쥐새끼들은 연분홍색이었다. 다른 짐승의 새끼들은 다 예쁘더만 쥐새끼들은 적응이 안 될 정도로 징그러웠다. 눈도 뜨지 못하고 땅바닥에서 꼬물대는 것을 사냥 본능 예원이가 발견하고는 발로 가지고 놀다 사지를 하나하나씩 씹어 먹는 것을 보아야만 했다. 으윽, 그 광경을 쓰는 것도 고통스러워….

며칠 후 희원이 학교 앞 개울에서 꽃뱀이 개구리 잡아먹는 장면을 개구리의 숨넘어가는 육성과 함께 생생하게 보았고, 서울에서 친정부모님이 위탁하신 두 마리의 병아리 중 한 마리는 물통에 머리가 뒤틀린 채로 죽어 있는 것을(큰 닭들의 텃세에 의한 것으로 추정됨), 한 마리는 고양이의 먹이가 되는 것을 목도해야 했다.

지지난 주에는 목줄 풀린 예원이가 드디어 남의 집 닭장을 헤쳐 암탉을 빼내 털을 뽑고 있는 것을 뒤늦게 발견해 대나무 몽둥이를 들고 쫓아갔지만 털 빠진 닭이 숲속으로 도망가는 것을 보는 것으로 그 사건은 막을 내렸다. 결국 뒤쫓아간 예원이에게 숨통이 끊겼을 것이지만… 우리는 그날 저녁 닭 주인에게 손이 발이 되도록 빌어야 했다.

아! 그러나 오늘이야말로 정말 최악이다. 오늘 홍성에서 아는 목사님이 찾아오셔서 같이 점심식사를 했는데 남편이 가시려는 목사님께 정중히 부탁을 드리는 게 아닌가?

"저기… 제 아내가 놀라서 기절할까봐 얘기를 안 했는데 지금 닭장에 암탉 한 마리가 죽어 있거든요? 그것 좀 치워주고 가시면 안 될까요?"

목사님은 닭장에 들어가서 똥구멍을 하늘로 쳐들고 짚더미에 고개를 처박고 죽은 암탉을 꺼내 오셔서 야생 동물이라도 먹게 버리고 오겠다며 산에 올라가셨다.

으, 죽은 암탉의 몰골이란…. 소름에 찬 나의 비명소리는 매서운 겨울바람을 가르며 허공으로 흩어졌다. 쥐가 똥구멍을 다 파먹을 때까지 모르고 잔 이 멍청한 닭은 다음날 싸늘한 시체로 발견된 것이다. 똥구멍이 하얗게 될 때까지…

말로만 들었던 일이 현실이 되었다. 닭 6마리에 병아리 2마리까지 풍성하다 싶었던 닭장에 이제 5마리만 남았다. 그런데 어디서 왔는지 도둑고양이 한 마리가 며칠 전부터 계속 닭장을 맴돌고 있고, 창고엔 쥐 한 마리가 들어왔는지 예원이가 쌍심지를 켜고 아침부터 창고 구석만 째려보고 있다. 그러나 창고 구석을 뒤질 수는 없다.

지난번에도 버려진 쓰레기통을 치우다 갑자기 생쥐 한 마리가 튀어나와 심장이 멎는 줄 알았는데… 아마도 이번엔 덩치가 커다란 들쥐일 것이다. 그놈이 우리 암탉을 잡아먹었을 것이다. 으으으악….

불안하다. 정말이지 닭 키우고 싶지 않다. 아…조류가 싫다. 계란 안 먹어도 좋다. 선천적으로 담이 약한 내가 이런 환경에 적응해 아무렇지도 않게 살려면 앞으로 도대체 몇 년이 걸릴 것인가?

2001년을 보내며

정말 많은 변화가 있었던 한 해였다. 삶의 자리가 옮겨지고 간만의 여유로움과 고요함으로 이제 2001년의 마지막 날을 맞이하고 있다.

오늘 새해를 위생적으로 맞기 위해 목욕탕에 갔는데 운 좋게도(?) 거대한 아줌마 옆에 앉는 바람에 같이 등을 밀었다. 내 등미는 값은 벌었지만 시베리아 벌판과 같은 아줌마의 넓은 등을 미느라 팔이 떨어져나가는 줄 알았다.

그 아줌마… 오랜만에 목욕을 왔나보다. 때의 양이 장난 아니다. 힘이 들어도 정말 열심히 등을 밀어드렸다. 뽀송뽀송한 등허리로 새해를 맞으시라고…

마지막 비누칠까지 완벽하게 마치고 나니 그때까지 숨죽이고 계시던 거대한 아줌마 왈. "아, 거 되게 시원하다!" 당연하지. 지압의 원리를 이용한 나의 때미는 솜씨는 가히 예술이거덩!

그러나 등이 깨끗해진 것을 온몸으로 착각하신 아줌마는 팔

다리는 대충 비누칠만 하시더니 휑하니 나가셨다. 몸이 청결해야 청결하다는 관념이 생기는 법. 몸은 정신보다 먼저다. 그리고 정직하다.

오늘 주일 설교 말씀은 디모데후서 1장 7절 말씀인데 '…하나님이 우리에게 주신 것은 두려워하는 마음이 아니요 오직 능력과 사랑과 근신하는 마음이니…'

근신이란 무엇인가. 영어 성경을 찾아보니 self-discipline이었다. 자기 훈련. 나를 훈련하는 것은 나의 몸을 훈련하는 것이다. 나의 몸이 훈련되지 않는데 나의 정신이 훈련될 리 만무하다. 2002년 새해 나의 목표는 이것이다. 나의 몸을 훈련하는 것. 태어나서 그동안 한번도 하지 않은 일을 이제 나의 30대에 하려 한다. 목표는? 간디… 그렇다. 간디의 몸이야말로 궁극적인 나의 지향이다!!!

드디어, 결정나다!

숭실고의 2차 원정대가 예산에 도착하여 뒹굴며 쓰던 헌 이불을 태우느라 노심초사 눈물 콧물 빼며 불을 피우고 있을 때 감리사님이 오셨다. 예산에서만 30년을 목회하신 이분은 우리가 안골에 교회 세우는 것을 처음부터 반대하셨다(참고로 감리교회는 지방 감리사의 허락이 있어야만 교회를 세울 수 있다).

물론 생판 모르는 사람들이 와서 정주定住 목회를 하겠으니 허락해달라고 하면 누구라도 낯설 것이다. 뿐만 아니라 요새 농촌 목회를 기피하는 젊은 사람들이 목사 안수를 받기 위해 정략적으로 교회만 세우고 3년 있다가 안수를 받고 그냥 도시로 나가버리는 일이 종종 있어서 감리사님은 우리 역시 고운 시선으로 볼 리 만무했다.

반대하시는 이유는 농촌에 정주하겠다는 우리의 결단을 믿지 못하겠다는 것이다. 이 깡시골에서 뭐 해먹을 것이 있다고 정주하겠느냐며, 또 하나의 미자립 교회를 세우는 것을 자기가 있을 동안에는 눈에 흙이 들어가도 허락할 수 없다는 분이셨다.

그런데 그 감리사님이 직접 안골로 찾아오신 것이다. 그것도 앞으로 적극적으로 교회 설립을 돕겠다며 말이다. 감리사님은 사택으로 들어오시자마자 무릎을 꿇으시더니 눈물을 흘리시는 게 아닌가. 오늘 새벽기도에서 주님의 음성을 들으셨다며… 주님께서 네가 뭔데 내 일을 막으려 하느냐고 하셨다는 것이다. 감리사님은 최대한 도울테니 빨리 서둘러서 창립예배를 준비하라고 하셨다.*

감리사님이 오셨을 때 나의 몰골은 말이 아니었다. 불이 잘 붙나 확인하려고 얼굴을 디밀다 바람이 획 부는 바람에 앞머리는 물론 옆머리와 속눈썹까지 불에 그슬려버린 상태였다. 참으로 기가 막힌 타이밍이었다. 그러나 그런 우스꽝스런 모습이 감리사님한테는 오히려 정겹게 보였는지 시골사람 다 되었다며 좋아하셨다.

그저 때를 기다린 것이… 우리의 할 바를 하고 있으면 때가 되었을 때 하나님께서 사람을 움직이실 거라는 믿음이 우리의 바라는 바를 이루어내었다.

이제 정식으로 안골 예배당에 십자가가 서고 예산 지역의 교육, 문화 선교를 통하여 하나님이 이루고자 하시는 바에 기꺼이 동참했으면 하는 바람뿐이다.

---

* 그때 그 감리사님은 신례원교회 박찬명 목사님이시고 농촌에서 30년 동안 소신있게 목회를 해오신 분이셨다. 그때 우리를 반대하셨던 건 농촌 목회에 대해 진정으로 애정이 있기 때문에서였음을 나중에 알게 되었다. 참으로 존경할 만한 분이시고 훌륭한 목회자셨다. 목사님은 교회 창립 이후 은퇴하실 때까지 안골교회를 물심양면으로 도우셨다. 눈물나게 고마우신 분. 내게는 친정아버지 같은 분이셨다. 작년에 돌아가셨는데 코로나로 인해 문상도 가지 못했다. 이 자리를 빌려 사랑과 감사를 전한다.

이제 드디어 너희들이 사회인이 되는구나. 앞으로 너희들 앞에 펼쳐질 무한한 가능성과 기회들을 잘 선택해가길 바란다. '다시 젊은 날로 돌아가고 싶지 않으세요?'라는 질문에 나는 늘 '절대로 돌아가고 싶지 않다'라고 대답한다. 그 망망히 넓은 가능성들 사이에서 결국 내가 선택할 수 있는 것은 하나였기에 더이상 낭만이나 환상이 없다. 결혼도 가능성을 가지고 호시탐탐 여러 기회들을 엿보는 것이 귀찮아서 일찍 해버렸다. 사람들은 오히려 너무 많은 자유를 두려워한다. 빨리 어떤 것에 귀속되길 바라고 한곳이 정해지면 거기에서 안정을 느끼나보다. 나도 예외는 아니었다.

대학에 입학해서 3월 한달 동안은 도서관에 죽치고 앉아 50권의 책을 읽었다. 주로 근대사와 사회과학, 여성학, 신학입문에 관한 책이었다. 강의실엔 잘 안 들어갔다. 그때는 도서관에서 더 배울 것이 많다고 생각했다. 그리고 4월 나는 시위행렬에 가담했다. 부정부패의 온상인 노태우 정권을 타도하자는 시위였다. 선배들의 꼬임에 넘어가는 식의 참여를 하지 않고자 나는 문제의 사안에 대해 신문과 뉴스 그리고 도서관에서 공부했던 근대사의 도움을 받았다. 그리고 정권이 객관적으로 옳지 않음을 확신하며 시위대에 합류했다.

처음 한 학기 동안 나는 4개의 학회에서 일주일에 4번씩 세미

나를 하며, 새벽에는 신촌에 있는 학원에서 토플강좌를 들었고, 저녁에는 독일문화원에서 독어를 배웠다. 그러나 여섯 차례 MT를 다녀온 후 독일문화원에서 출석 미달로 쫓겨났다. 그리고 그 이후 더이상 영어학원에도 다니지 않았다.

도서관에서 범생이처럼 공부만 하는 인간들이 보기 싫어 학교 안에서의 아지트를 찾던 나는 2학기가 시작되자마자 학보사 기자로 들어갔고 거기서 3년 동안 귀신처럼 붙어 있었다. 단과대학 그 좁은 캠퍼스에서조차 눈에 잘 띄지 않는 학보사 건물 안의, 그것도 구석방에서 나는 거의 나오질 않았다. 도서관에서도 강의실에서도 내 모습은 찾을 수 없었다. 오죽했으면 내가 죽었는지 살았는지 확인하러 옛 동창들이 직접 학보사를 찾아왔을 정도였다. 한 달이면 보름은 집에 들어가지 못하는 신문작업에 미쳐 그렇게 대학 3년을 보냈다.

그다지 좋은 기억은 아니다. 그리고 권장하려는 것은 더더욱 아니다. 그러나 부정과 부패와 혼란의 시대 속에서 무엇이 옳은 것인지, 어떻게 살아야 참되게 사는 것인지를 고통스럽게 고민하고 공부했던 시절이었다. 그때가 없었으면 오늘의 나는 없었을지도 모르겠다. 그때 나를 가르친 것은 신학도 교수도 아니었다. 환기도 되지 않는 먼지투성이 지하 공장에서 죽어가던 한 어린 여자 노동자의 시신 앞에서, 독극물에 가까운 원료를 매일 만져야 하는 원진 레이온의 노동자들이 직업병으로 인정받지 못한 채 죽음 가운데 시위하는 모습을 보면서, 광주 망월동 묘를 참배하기 위해 전남대 한 강의실에서 추위에 덜덜 떨며 신문지 한 장으로 잠을 청하면서, 위안부로 끌려간 할머니들의 피맺힌 절규를 들으면서, 빈민촌철거현장에서 취재하다 철거반원의 쇠파이프에 머리를 맞고 피를 흘리며 쓰러진 선배를 부축해야 했던 그 모든 순간들이 내게는 스승이었다. 나의 편함이 지독하게 저주스런 시간들이었다.

대학은 출세하기 위한 지름길로서의 장이 결코 아니다. 너희들 스스로 많이 고민하면서 옳은 길을 찾아나가길 바란다. 세상이 많이 좋아졌다고는 하나 아직도 우리 모두가 더불어 살기에는 구조적인 악이 너무 많으니까. 대학 때 나는 신학생이면서도 하나님이 어디 계시냐고 절규하곤 했다. 대체 하나님이 계시면 세상이 이렇게 불공평할 수 있느냐고 늘 따지듯 원망했었다.

그러나 지금도 하나님은 내 곁에서 말씀하신다. 내가 불공평하게 만든 것이 아니라고. 오늘도 여전히 먼저 하나님의 나라와 그 의를 구하는 자들을 찾고 계신다고.

안골에서의 첫 수련회

어제와 오늘 1박 2일 동안(2002. 2. 25~26) 서울 은명교회 중고등 부·청년부 연합 겨울수련회가 안골 예배당에서 있었다.

은명교회 담임 목사님이신 이민재 목사님은 내게 좀 특별한 분이다. 신학교 3학년으로 올라가면서 나는 어렸을 적부터 섬기 던 염창교회 전도사님의 추천을 받아 정동제일교회에서 신학생 으로 봉사하게 되었다. 정동제일교회는 덕수궁 뒤에 위치한 한 국 감리교 최초의 교회로서 그 역사와 전통에 대한 자부심이 대 단한 교회다.

사실 그런 외향적인 면보다 나는 향후 2년 동안 학비 전액을 지원받으며 일할 수 있다는 조건에 더 혹했다. 신앙에 대한 별 비 전도 열정도 없던 나는 거기서 부목사로 계시던 이민재 목사님 을 만났다.

목사님은 당시 청년들을 대상으로 소규모 수요모임을 꾸려가 고 계셨는데 신학생들은 거의 의무적으로 참석해야 했다. 거기 서 나는 목사님께 '궁극적 지향'이란 단어를 배웠다. 목사님의 설교는 틀에 얽매이거나 고정관념에 빠지지 않았고 새로운 영성 에 대한 깊은 관심과 통찰로 나를 늘 감동시켰다. 찬양과 시, 그 리고 말씀은 늘 호흡처럼 함께 있었고, 삶의 나눔을 통한 진실한 대화들이 나의 메마른 가슴에 한 가닥 물줄기처럼 흐르기 시작 했다.

정동제일교회 출신인 남편과의 만남에 가속도가 붙기 시작한 것도 그 모임에서였다. 4학년 졸업고사를 앞두고 나는 정동교회 안에 있는, 지금은 문화재 보호차원에서 민간인의 출입이 통제된, 대한민국 초대 각료들이 사용했다는 예배당에서 결혼식을 올렸다.

담임 목사님이 계셨지만 나는 이민재 목사님께 주례를 강력하게 부탁드렸다. 정말 나를 잘 알고 내가 존경하는 목사님으로부터 사랑과 애정 어린 주례사를 듣고 싶었다. 희원이 영아세례도, 돌 때도 이민재 목사님께서 함께해주셨다. 내 역사 속 살아있는 이정표와도 같은 분이다. 그분으로 말미암아 신앙이 회복된 것은 두말할 나위도 없다.

그 후 서울 창동에 은명교회라는 이름으로 작고 예쁜 교회를 개척하셔서 소신 있고 건강한 목회를 하고 계시는데 이번에 수련회 장소로 특별히 안골 예배당을 추천하셨다고 한다. 덕분에 목사님을 오랜만에 뵙고 진한 회포를 풀 수 있었다.

숭실고등학교를 떠나올 때 김활성 선생님이 만드신 곡인 「우리가 부르는 노래」를 일부분만 개사해 안골 예배당의 엔딩송이라고 소개하면서 청년들을 앉혀놓고 가르쳤다.

언젠가 우리가 또다시 만나는 날에 오늘을 기약할 수 있기를
안골에 모인 젊고 아름다웠던 우리를 기억할 수 있기를
참된 진리와 참사랑 찾아 헤매 방황하던 순간들

그리고 지금 우리에겐 끝내 지켜가야 할

소중한 믿음이 있음을 기억하며 다짐하며

우리가 부르는 노래 서로의 가슴에 남으리라

목사님은 떠나기 직전 좋은 장소와 환경을 제공해준 것도 고맙지만 이렇게 좋은 노래를 선물로 주어서 눈물이 날 정도로 고맙다고 말씀하셨다. 목사님이 좋아하실 줄 알았다. 그래서 더 기뻤나보다. 그렇게 사람들은 그 노래를 좋아했다. 숭실에서 '경배와 찬양'팀 친구들과 그랬던 것처럼… 「우리가 부르는 노래」는 보이지 않는 향기가 되어 이제 세상을 향해서 날아가고 있다.

자모회의에 가다

새 학기를 맞아 황계분교 자모회의가 있다고 해서 별로 내키지 않는 마음으로 집을 나섰다. 지난번에도 갔었지만 오랫동안 한 동네에서 산 사람들에게 나는 그저 낯선 이방인으로밖에 비치지 않는지 그들은 모든 대화에서 나를 소외시켰다. 오늘도 뭐 예외가 있으랴 싶지만 희원이가 꼭 오라고 하니 가야 한다는 남편의 말을 왠지 거역할 수 없었다.

자모회의라곤 하지만 할머니 세 분에 나이 드신 아줌마 여섯 명쯤 될까, 시시콜콜한 집안 얘기며, 음식 얘기 그리고 진한 사투리들 탓에 도떼기시장 같은 분위기였다. 서로 너무 잘 알고 있기 때문일까?

잠시 후 본교에 다녀온 자모회장이 문건을 돌리면서 얘기한다.

"이거 작년 결산인디 뭐 헐 말들 있으면 허슈…"

"헐 말은 뭐… 기냥 넘어가…"

속으로 웃음이 나오는 것을 간신히 참았다. 10분이면 끝날 회의가 40분이 지나도 별 진전이 없다. 회비를 내지 않는 엄마들에 대한 한바탕의 욕지거리가 이어졌다.

"기본이 안 되었어. 그럴라믄 자식 공부를 시키지 말든가…. 집도 있는 사람들이 위째 그란데. 세상에 그럴 수가 있간디? 그러니께 우리라도 열심히 내자고…"

나는 이왕 학부모들이 모인 김에 3월 16일에 있을 분교 어린이들을 위한 음악회에 대해서 간단하게 설명했다.

반신반의하는 얼굴, 도대체 뭔 얘긴가 싶은 얼굴들이다. 서울에서 분교 어린이들을 위해 내려온다고 하니 많이들 참석하자고 자모회장이 독려하는데도 시큼털털한 얼굴이다. 한 어머니만 그것 참 좋은 일이네… 하고 맞장구칠 뿐. 빨리 끝내고 갔으면 하는 표정으로 앉아 있는 엄마들을 보노라니 마음 한구석이 서늘해졌다.

집에 와보니 '피아노 마당' 대표로 있는 배준선 씨에게 메일이와 있었다. 음악회에 참가하고자 하는 사람들이 쇄도해서 비올라와 색소폰 연주가 추가되었다고. 반갑기도 하고 한편으로 엄마들의 표정이 겹치며 씁쓸하기도 했다.

첫술에 배부르랴… 처음이라 나 혼자 북 치고 장구 치고 유난을 떠는 것같이 느껴지지만 머지않아 그들은 강한 유대감을 가진 협력자가 될 것이다. 그렇게 믿고 싶다.

부디 이번 음악회를 통해서 교사, 학부모, 학생들이 한자리에 모여 새로운 결속의 힘을 받는 자리였으면 좋겠다.

분교 어린이들을 위한 음악회 후기

인근에 슈퍼도 서점도 PC방도 없는 곳에서 교육과 문화적 소외를 경험해야 하는 아이들이 있습니다. 황계분교 아이들은 전교생이 23명입니다. 세 분의 선생님과 2개 학년이 한 교실에서 같이 공부하는 세 학급뿐인 작은 학교지만 전교생이 형제, 자매처럼 지내고 있습니다. 주위를 둘러싼 대자연은 좋은 교육환경을 제공하고 있습니다. 그러나 버스도 잘 다니지 않는 마을에서 아이들은 바깥세상에서 무슨 일이 일어나는지, 세상이 얼마나 넓고 다양한지 알지 못합니다.

그래서 안골 예배당에서는 이 아이들에게 영롱한 피아노 소리를 선물하고자 합니다. 새로운 음악의 세계를 통하여 그들은 그들 안에 있는 또다른 가능성과 조우하게 될 것임을 확신하기 때문입니다.

이를 위해 많은 사람들이 힘을 모았습니다. 그들은 기꺼이 이 아이들을 위해 먼길을 마다하지 않았습니다. 우리는 이러한 마음모음이 하늘로부터 온 것임을 의심치 않습니다.

황계분교 어린이들을 위한 음악회는 우리 모두에게 작은 천국잔치의 시작을 보여줄 것입니다.

—2002년 3월 16일 음악회 순서지에서

지난번 장애인 음악회를 할 때도 그랬지만 모든 행사는 그 규모가 작건 크건 많은 손길이 필요하기 마련이다. 이번에도 일주일 전부터 실내장식, 후원회원들을 위한 프로그램 발송 작업, 분교 어린이들과 선생님들을 위한 간식 준비, 점심식사 주문, 집안 안팎 청소 등에 진을 다 써버렸다.

이어서 특히 안골 예배당의 지향성을 선명하게 드러내기 위한 이미지 작업에 나는 신들린 듯 몰입했다. 음악회를 위한 컨셉은 '자연과 음악'이었다.

대형 전지에 색색깔로 단장한 작품을 하나 만들어내는 데 적어도 7~8시간이 소요되었다. 밥도 물린 채 앉은 자리에서 일어나지도 않고 무아지경의 상태에서 마치 예술혼을 불태우는 사람처럼 만들기에 열중했다. 내가 할 수 있는 최선을 다하겠다고… 들일 수 있는 정성 외에는 아무것도 내세울 것이 없기에.

음악회는 황계분교 어린이들 20여 명과 예산읍에 있는 예향교회 어린이들 15명, 그리고 분교장님과 자모회장이 참석했고, 어린이들의 차량이동을 돕기 위해 홍성에서 최 전도사가, 음악회 사진을 CD 앨범으로 만들기 위해 신례원에서 박 목사님 내외가, 음식 장만과 묘목심기를 돕기 위해 전라도 함평에서 이 전도사 내외가 참석했다.

피아노 마당 대표인 배준선 씨를 중심으로 회원 6명이 서울에서 내려왔고, 중학교 동창들이 친구 편으로 어린이들을 위한 간식에 써달라며 5만원을 보내왔다. 이러한 마음모음이 음악회를 훈훈하게 마칠 수 있게 해주었다. 예향교회의 한 아이는 가장 기억에 남는 게 뭐냐는 질문에 봉고차를 탔던 게 제일 좋았다고 했다. 한번도 봉고차를 타본 적이 없는 아이가 시골의 구불구불한 길을 좌우로 쏠리는 차 안에서 아이들과 연신 소리를 지르며 왔던 것이 무척 재미있었던 모양이다.

분교 아이들도 모두 모여 안골 예배당에서 나눠준 빵과 우유를 먹을 수 있었던 것에 무척 신나했다. 간식이 귀한 곳이므로…

그것은 모두 음악회가 아니었으면 가질 수 없는 기억들이다. 아이들이 무엇을 기억했건 모든 과정이 다 의미 있고 소중하다.

피아노와 그림과 비올라와 노래가 많은 사람들의 배려와 사랑으로 화창한 봄 햇살을 받으며 어우러질 수 있었던 자리여서 더더욱 좋았다. 악기들이 내는 아름다운 소리들은 순수하고 소박한 아이들의 마음에 기나긴 여운으로 남을 것이다.

물론 지금 나는 몸이 많이 힘든 상태지만 마음만은 기쁨으로 충만하다. 주위에서 음으로 양으로 도움을 주는 사람들이 없었다면 모든 것은 불가능했을 테니까. 그들에게 사랑과 감사를 전한다.

매화꽃이 피다

날씨 정말 근사하다. 눈이 부시게 화창한 날… 난 이런 날이 좋더라. 역시 봄은 나의 계절인가봐. 여자들은 봄바람 나고 남자들은 가을을 탄다고 했던가….

작곡가 김활성 선생님께 어느 계절이 좋은지 물은 적이 있다. "계절이 바뀌는 때가 좋아요…."

그동안 바쁘고 정신없는 생활 속에서 계절이 바뀌는 때를 찬찬히 관찰할 여력이 없었는데 예산에 와서 그 신비로움을 경험하고 있다.

낮 1시에 마당에 나갔을 때만 해도 매화꽃이 피지 않았었는데, 3시에 나갔더니 더 벌어질 힘조차 없을 정도로 활짝 만개해 있지 않은가….

이건 지난주의 일이고 지금은 황홀할 정도로 매화꽃이 풍성하

게 피어 있다. 작년 가을 나무 밑동이 썩은 채로 잎 하나 달려 있
지 않길래 죽은 줄 알고 뽑아버리려고 했는데, 정말이지 그랬으
면 큰일 날 뻔했다.

매화가 왜 사군자에 속해 있을까? 그림에서만 봤지 실제로 보
기는 이번이 처음이다. 그래서 오늘은 매화나무를 꼼꼼히 들여
다보았다. 신기하게도 가지가 옆으로 뻗은 것이 하나도 없다. 한
결같이 줄기에서 나와 하늘로 꼿꼿하게 뻗은 것이 고고한 기상
을 상징하는 듯했다. 매화꽃의 은은한 향이며 화려하진 않지만
소박하면서도 기품 있는 꽃태가 조상들로 하여금 난초와 국화와
대나무와 함께 군자의 상징으로 꼽게 만든 것이 아닌가 싶다.

지난 분교 어린이를 위한 음악회 전날 심었던 목련에 꽃이 소
담스럽게 피었고, 장날 사놓은 연산홍도 카운트다운에 들어간 상
태다. 그리고 통나무 계단 사이로 들꽃들이 앙증맞게 피어올라
계단을 디딜 때마다 그 작은 꽃들을 행여 밟을세라 조심스럽다.

아! 해마다 봄만 되면 역마살이 낀 것마냥 어디론가 떠나고 싶
어 몸부림을 쳤는데 이젠 그러지 않아도 된다. 아, 너무 좋아, 생
명력 넘치는 봄의 향연….

곰두리 장애인 사무실을 다녀와서

오늘 오랜만에 읍내에 있는 장애인 사무실을 남편과 함께 음료수를 들고 방문했다.

사무실에는 지난해 연말 안골 예배당에서 장애인 음악회를 할 때 내가 만들었던 포스터가 큼지막하게 걸려 있었다. '아무리 봐도 정말 잘 만들었어…' 속으로 내심 감탄을 하며 앉아 있는데 누가 와서는 휠체어를 좀 가져다달란다.

그분은 왜소증이셨고 그 남편은 세 번의 사고로 머리와 허리, 다리를 다치는 바람에 거의 식물인간처럼 누워 있는데 오늘 교회로 가는 봉고차에서 내리다가 뒤로 넘어져 응급실에 다녀왔다고 했다. 살짝 넘어졌는데도 엉치뼈가 어긋났단다.

나는 연신 신음소리를 내는 남편 분을 휠체어에 태워 침대가 있는 방으로 옮겨드렸다.

"이렇게 아파서 어떡한대요?" 회장님이 안쓰러운 듯 한마디 하셨다.

"그래도 나보다 더 아픈 사람들을 생각하며 참아야죠. 으윽… 사모님, 정말 감사합니다."

그는 고통 중에서도 감사의 말을 잊지 않았다.

10분 정도 있으니까 또다른 중증 장애인이 도착했다. 이번엔 사무실에서 경찰을 불렀다. 그 사람은 교통사고 후 응급조치를 잘못 받아 전신마비가 된 사람으로 내 힘으로는 도저히 옮길 수 없다며 경찰의 도움을 받자는 설명이다. 그 사무실에서 장애가 없는 사람은 나밖에 없었지만 내가 할 수 있는 일은 별로 없었다. 적어도 내겐 그런 생각이 들었다.

그런데 집에 와서 남편이 하는 말이 웃긴다.

"오늘 당신 덕분에 사무실 분위기가 얼마나 활기찼는 줄 알아?"

"아니? 난 잘 모르겠던데?"

"당신 좀 자주 사무실에 나와야겠더라. 사람들이 맨날 나만 보면 사모님 안 나오시냐고 성화야."

사고로 다리가 절단된 부회장님은 담석 제거와 치질 수술을 받으러 내일 병원에 입원한다고 하고, 상근하는 사람은 술 취한 시각장애인에게 얼굴을 맞아 이빨 하나가 부러지고, 사방을 둘러봐도 도움 줄 사람 한 명 없는 우울한 분위기에 비장애인인 내 존재가 그들에게 위로가 되었던 걸까?

그래도 척수장애인 중년 여성과 왜소증 여성이 김치를 많이 담갔다며 물김치와 깍두기를 싸주신다. 황송해서 어쩔 줄을 몰라 하는데 "많으니까 가져가세요." 한다.

사무실을 다녀올 때마다 마음이 어지럽다. 몸이 성해도 힘들고 어려울 때가 많은데 불편한 몸으로 이 험한 세상을 살아나가는 사람들의 심정은 얼마나 저리겠는가.

그래도 음악회 이후 그들은 악기를 배워 공연을 한다고 의견이 분분하다가 이번에 한 독지가의 도움으로 사물놀이를 정식으로 배우게 되었다고 들떠 있다.

몸이 기형인 사람에서부터 다들 휠체어 옆에 소변줄을 달고 다니고 몸에서는 악취가 나고 말려버린 팔과 다리에 양쪽 눈이 끝으로 돌아가버려 시선을 알 수 없는 얼굴까지, 정말 보고 있는 것만으로도 고통스러운 모습들 속에서 나는 마더 테레사의 기도를 떠올렸다.

모든 것은 다 기도로부터 시작됩니다.
우리는 사랑할 수 있도록 하느님께 청하지 않고서는
사랑을 지닐 수가 없으며
다른 이에게 줄 수 있는 사랑의 정도 또한 극히 적습니다.

오늘날 사람들이 그토록 자주
가난한 사람들에 대해 말을 하면서도
가난한 이들에 대해서 잘 모르듯이
기도에 대해서도 늘 많은 말을 하고 있지만
실제로 기도할 줄은 모릅니다.
(…)
우리가 기도하면 사랑할 수 있고,
사랑하면 비로소 봉사할 수 있을 것입니다.*

---

* 마더 테레사, 이해인 옮김 『모든 것은 기도에서 시작됩니다』(황금가지 1999), 23, 27면.

그렇다. 테레사 수녀의 말에 의하면 나야말로 기도할 줄 모르는 사람이며 기도하지 않는 사람이다. 그러나 '부활'을 '희망'이라는 말로 바꿔 부를 수 있다면 나는 나를 포기하지 않을 것이다. 그들과 함께 손을 맞잡고 덩실덩실 한바탕 춤을 출 날이 올 것이다.

감동적인 창립예배

원근 각지에서 오신 150여 명 하객들의 격려와 후원 속에서 2002년 4월 17일 안골교회 창립예배를 은혜롭게 끝냈다. 생각보다 너무 많은 분들이 오셔서 준비된 식사뿐 아니라 주보, 기념품 모두가 부족했지만 비온 뒤의 쾌청한 날씨와 진심으로 선포되어진 감리사님의 말씀에 우리 모두 훈훈하고 감동적인 예배를 드릴 수 있었다.

교회 창립을 그렇게 반대하시던 감리사님은 축하 메시지를 통하여 기도 중에 하나님께서 당신의 마음을 돌리셨음을 고백하시고 울먹이셨다. 그리고는 회중들에게 안골교회를 위한 통성기도를 부탁하시면서 당신은 한쪽 구석에서 무릎을 꿇고 연신 수건으로 눈물을 닦아내셨다. 감리사님의 진정 어린 회개가 담긴 설교 덕분에 참석한 모든 사람들은 숙연해졌고 정말 이 안골교회가 하나님의 섭리로 이루어진 것임을 확인했다.

이제부터 시작이구나… 하는 생각으로 마음 한구석이 무거워지기도 한다. 모든 삶의 중심이 하나님에게로 향하고 언표된 모든 계획과 사역들을 지치지 않고 살아내기 위하여 더더욱 열심히 기도하련다.

서로를 위한 쉼 없는 중보기도를 통하여 하나님 나라의 확장에 일조하는 우리가 되길 바라며…

창립예배 후

창립예배가 끝나면 엄청 한가할 줄 알았는데 요새 수면 시간은 고작 서너 시간뿐일 정도로 더 바쁘다. 안골교회 창립예배에 오신 분들께 답례를 하기 위한 발송작업 때문인데 감사 카드를 하나하나 수작업으로 만들다보니 100장을 만드는 데 꼬박 4일 정도가 걸렸다.

아침에는 그동안 틈나는 대로 심어놓은 상추와 쑥갓, 호박, 딸기, 방울토마토에 물주랴, 또다른 작물을 심기 위해 밭 갈고 김매랴… 그러다보면 점심때가 된다.

카드 만드는 작업은 점심 먹고 시작해서 거의 새벽 2, 3시까지 이어지는데 다음날을 위해 할 수 없이 잠자리에 들며 정리를 한다. 그러나 다 좋아서 하는 일이라 재미있고 하면 할수록 신이 난다.

오늘은 마음먹고 천안까지 나가서 꽃모종도 샀다. 파시는 분도 이름을 모른다는 노란 꽃… 늦은 밤까지 24개의 모종을 자갈길 따라 심었다. 교회 간판 대신 만든 하얀 아치에 꽃길을 낼 덩굴장미도 심었다. 아침마다 천국을 연상케 하는 초록의 풍경에 넋을 잃을 정도로 5월을 바라보는 봄기운은 절정을 향해 가고 있다. 흙과 친해질수록 컴퓨터 앞에 앉기 힘들어짐을 느낀다.

상추모를 사지 않고 잘 갈아놓은 땅에 직파법으로 분홍색 상추씨를 휘휘 뿌려놓은 지 일주일이 지났을까… 귀엽고 앙증맞은 싹이 얼굴을 내밀었다. 잡풀을 낫으로 베어다 싹 위에 척척 얹어놓았더니 한낮의 뜨거운 뙤약볕에도 아랑곳하지 않고 싱싱하게 자란다.

그 싹 나기를 언제 기다리느냐며 핀잔하시던 동네 아주머니의 말을 듣고 혹시 죽어버리면 어떡하나 걱정했는데, 감격에 겨워 가슴이 벅차오른다. 흙과 친해지면서 요즘엔 정말 살맛이 난다.

숭실고등학교에서 농촌봉사활동을 온다는 그 순간부터 마음 한구석에서 일어나는 설렘을 누르지 못했다. 오랜 기다림 끝에 그들이 오던 날. 피서철이라 고속도로가 많이 막히는 통에 오전 10시가 좀 넘어서 출발한 숭실팀은 거의 4시가 되어서야 안골에 도착했다.

교실에서 보았던 낯익은 얼굴들과의 해후… 선생님들까지 딱 20명이었는데 워낙 사람이 없는 마을이어서인지 한 4, 50명은 되어 보였다. 나와 불과 한 학기밖에 수업하지 않았지만 유난히 애정을 많이 들인 탓인지 온 학생들은 대부분 2학년들이었다.

오자마자 저수지 주위의 쓰레기를 다 줍고, 담배밭에 들어가 담뱃대를 낫으로 자르고, 마을회관 방충망을 고치는 등 많은 일을 해냈다. 그 다음날은 새벽 6시부터 일어나 먼 거리에 있는 고추밭에서 고추를 따고 마을 어른들을 위한 마을잔치를 준비했다.

숭실인들과 마을 사람들이 어우러진 흥겨운 잔치는 모두의 마음을 흐뭇하게 만들었고 마을 어른들은 서울에 올라가는 마지막 날 그 찌는 듯한 무더위 속에서도 예당저수지에서 직접 잡아올린 싱싱한 붕어로 수고한 학생들을 위해 어죽을 쑤어주셨다.

'국민대 예수전도단' 팀보다 훨씬 더 많은 숫자였지만 오히려 내 마음은 더 편했다. 그리고 그들과 같이 안골에서 땀 흘리며 웃고 있는 현실이 마치 꿈같이 여겨졌다. 많은 학생들이 힘들었지만 재미있었고 기회가 되면 다시 이곳을 찾고 싶다고 말했다.

정말 숭실의 젊은이들과 이 안골마을에서 생명을 살리는 공동
체로서의 꿈을 같이 꿀 수 있으면 좋겠다. 우리가 많은 일을 할
수 있을 것이라는 확신이 들었다.

앞으로 안골에 일어날 일들을 기대하고 소망한다.

네 멋대로 해라

수, 목요일에 방영되던 드라마 「네 멋대로 해라」*가 끝났다.
처음부터 본 게 아니고 지난번 숭실 제자들이 왔을 때부터 제대
로 보기 시작했는데 대사에 푹 빠져버렸다. 작가가 누구인지 개
인적으로 꼭 좀 만나고 싶다.

죽음을 눈앞에 둔 사람과의 사랑⋯ 그들은 청승맞게 질질 짜
지도 않았고 그렇다고 삶을 방관하지도 않았다. 슬픔 앞에서 늘
어이없이 웃게 만드는 말들. 오히려 우리에겐 그런 말들이 필요
하지 않을까? 네 멋대로 살라고 한들 진짜 자기 멋을 아는 사람
은 몇 명이나 되며 또 그렇게 자기 멋을 살아내는 사람은 얼마나
될까.

---

* 2002년 7월부터 9월까지 인기리에 방영된 MBC 수목드라마. 양동근·이나영 주연.

주인공인 복수와 경의 대화가 압권이다. 차라리 죽는 게 낫지 칙칙하게 장애인이 되어 연인이 어거지로 자신의 병든 육신을 참아내는 꼴은 못 보겠다는 복수 앞에서 경은 이렇게 말한다.

"그냥 막 살자구요. 애인일 땐 애인으로, 당신이 환자일 땐 보호자로… 그렇게 막 살자구요."

그게 어디 막 살자는 얘긴가… 그것은 정말 순리대로 살자는 얘기다. 앞날의 고통을 미리 끌어당겨서 살아있는 지금을 죽은 상태로 만들지 말고 있는 그대로를 받아들이자는… 삶의 핵심을 깨달은 말이다.

왜 그 대사가 내게 진한 감동을 주었을까? 아마도 요즘 내가 깨닫고 있는 것과 맞닿아서일 것이다. 살고 죽는 건 하늘에 달려있다. 뇌출혈로 쓰러졌던 남편과 살면서 나는 어떤 사람들보다 죽음이라는 화두에 더 많이 노출되어 있었다. 찬바람만 불면 뇌출혈 부위에 통증을 느끼며 침대를 뒹구는 남편을 보면서 언젠가 저렇게 죽을 수도 있겠구나,라는 생각을 많이 했다. 처음엔 당장 죽는 줄 알고 엉엉 울고불고 소위 영화를 찍었는데, 이젠 그 모든 것에 초연해졌다. 죽는 날까지 아무렇지도 않은 일상을 살아내자. 그러니까 더 즐겁게 더 재밌게 살자. 좌반신 마비인 내 남편을 환자 취급하지 말고 더 섹시한 남자로서의 그의 몸을 사랑하며 살자.

고복수의 바람은 나의 바람과 일치한다. 육체적 장애를 가진 사람과의 삶 속에서 느껴야 하는 어려움과 고통이 아무렇지도 않은 일상이 되어버린 지금. 그러나 이러한 초연함으로 서기까지 흘려야 했던 과거의 많은 눈물이 이 밤 나의 마음을 산란하게한다. 초연하다고는 하나 그가 오래 살아주길 바라는 마음 간절하다.

읍내까지 걷다

안골마을에서 읍내까지는 12킬로미터다. 자동차로 정확히 15분 거리. 차 시동이 잘 걸리지 않는 탓에 버스를 타고 다닌 지 2주정도 되었나… 내가 버스 타고 다니는 것을 궁금하게 생각한 마을 사람들이 이것저것 물어보는데 시시콜콜 얘기하기도 그렇고해서 그저 운동 삼아서,라고 답했다. 그랬더니 한 할머니께서 말씀하셨다.

"예전엔 걸어 다니던 거리였는데… 나는 쌀 서 말을 머리에 지고 등에 애 하나를 업고 그 거리를 걸어다녔지… 높은 고개를 오르는데 얼마나 덥던지 한겨울에 애기를 덮었던 포대기를 벗어던지고 올랐더니 뒤에 오던 사람이 다급하게 부르더군. '아유…애기가 새파래졌어요.' 나는 온몸에서 땀이 주르륵 흐르는데 뒤에달랑달랑 매달려오는 어린 자식은 꽁꽁 얼어 있지 뭐야…"

너스레웃음을 털어버리시는 할머니 얘기에 나는 눈물이 나올 것 같은 깊은 감동을 받았다. 그렇게도 살았는데… 지금은 아스팔트 길이지만 예전엔 순 자갈밭에다 고무신을 신지 않았던가. 그러나 그들은 그것을 당연하다고 여겼다. 옆에 앉은 아저씨 얘기는 더 가관이다.

"그렇게 힘들게 가서도 뭐 먹을 것이 있었나? 쫄쫄 굶으면서 가도 떡 한 조각 얻어먹을 수 있으면 다행이게. 죽어라고 가서 아무것도 먹지 못하고 굶은 채로 다시 오기가 일쑤였지…"

도대체가 상상할 수 없는 노릇이다. 왕복 24킬로미터를 빈속에 걸어 다닌다는 것을.

그날부터 나는 걷기 시작했다. 마을에서 무봉교까지 왕복하는 데 약 3, 4킬로 정도 되었다. 며칠을 연습하고 호흡을 고른 뒤 큰 맘 먹고 6킬로 정도 되는 면사무소에 도전했다. 면사무소가 보일 무렵 발가락에 물집이 잡히고 다리가 후들거렸다. 몸이 적응이 안 되어 몸살처럼 하루를 앓아누운 뒤 다시 무봉교까지 걷는 연습을 하고 목표인 읍내까지의 여정을 시작했다. 나는 조깅화를 신고 배낭에 우유 하나 집어넣고 걷기 시작했다.

할머니가 걸었던 그 길을 나도 걷고 있었다. 그러나 철저하게 편리함으로 무장한 채… 힘이 들면 나무 밑에서 잠시 쉬며 땀을 닦았다. 옛날의 그들도 그랬을 것이다. 그 나무들은 2백년 이상된 것들이므로…. 그 숱한 세월 그늘 밑에서 쉬었던 모든 사람들을 나무는 다 기억하고 있을까?

혹시 몰라 발가락에 밴드까지 붙이고 걸었는데 오히려 그것이 화근이 되었다. 지난번 무봉교까지 걸었을 때 물집이 잡혀 임시방편으로 길가에 있는 나뭇잎을 따다가 발가락을 싸맸을 때는 오히려 아프지 않았었는데, 생각을 잘못했다. 차로 가면 15분밖에 되지 않을 거리를 걸으니 2시간 30분이 걸렸다.

그러나 시간이 문제가 아니었다. 나는 걷는 동안 순례자였고 방랑자였다. 뜨거운 햇볕 속에서 이마에 흘러내리는 땀을 지나가는 바람이 시원하게 해주었다. 그 상쾌함이란… 그때 처음으로 차가 없었으면 하는 생각을 했다. 그 옛날 사람들이 부러웠다. 길을 걸으면서 적어도 위험하다는 생각을 하지 않고 걸을 수 있다는 것이 얼마나 축복인가. 나는 위험천만한 엄청난 부피의 화물차를 몇 번이고 위태롭게 피해 다니며 그런 생각을 했다. 걷는 길은 묵상의 시간까지 내게 허락했다. 예산읍이라는 표지판을 보았을 때 나는 거의 무념무상의 상태에 이르렀다. 이러다가 어쩌면 서울까지 걸어갈지도 모른다.

불편함이란 지극히 상대적 개념이다. 무엇을 당연하다고 생각하고 사는가… 그 당연함 속에 천착되어 있는 우리의 일상이 우리를 지배한다. 나는 편리함과 빠름의 개념에 지배당하고 싶지 않다. 오늘의 걷기는 그동안 자본의 논리에 세뇌당하고 이용당한 내 일상의 습관에 대한 조용한 혁명인지도 모른다는 생각을 해본다.

2003년 다이어리에 남긴 글

2003년을 맞으며 새로 장만한 다이어리 맨 앞 장에 나는 이런 글을 새겼었다. '2003년, 한번도 생각해보거나 머릿속에 떠올려본 적이 없는 해. 그러나 평생 기억에 남을 만한 신나는 일과 좋은 일이 많이 일어나는 시간이었음 좋겠다.'

기록된 말은 마치 예언처럼 적중했다. 올해 나는 결혼 10주년을 맞았고 그 선물로 백설기보다 더 하얀 피부를 가진 아기 공주님을 하늘로부터 선사받았다. 말 그대로 평생 잊지 못할 해가 되었다. 이제는 2004년을 준비하고 있다. 다행스럽게도 2004년 다이어리 맨 앞 장을 장식할 아름다운 문구를 찾았다. 그 문구는 다음과 같다.

"내 일상생활의 목표는 모든 사건을 온유하고 조용히 받아들이는 것이며 모든 압력을 부드러움과 쾌활로 대적하는 것이다."

이것은 시튼 수녀회의 창시자인 성녀 엘리사벳 시튼이 남긴 말이다. 시튼 수녀회는 우리의 깊은 곳에 있는 하나님의 성소를 침묵을 통하여 발견해내도록 안내 역할을 하는 센터링 기도의 교육장을 제공하고 있는데 이 글은 그 수녀회의 입구에 새겨져 있다. 이 글을 대하자마자 내 마음에서 적지 않은 울림이 일어났다. 참으로 권위 있는 글이다.

2004년 나의 다이어리 맨 앞 장에 쓰일 이 글처럼 나는 새로운 한 해를 겸손하고 온유하게 살아낼 것이다.

2부

정착

2004-2007

주님, 하나님의 성전 안에서

우리가 하나님의 한결같은 사랑을

되새겨보았습니다.

―시편 48: 9

2004년 첫날의 나의 바람

매일 행복한 날이길.

고통이 와도 기뻐할 수 있길.

더 많이 기도하고 더 많이 성경 보길.

더 많이 베풀고 더 많이 봉사하길.

늘 얼굴에 웃음이 머물고 게걸스럽게 먹지 않고 물건에 욕심 내지 않으며 사람에 집착하지 않고 게으르지 아니하며 겸손으로 자신을 비워내길.

있는데 또 사지 않고 집에 안 쓰는 물건은 필요한 다른 사람에게 거져 주고 누군가 도움이 필요하다면 언제나 기꺼이 팔을 걷어붙이길.

구멍난 양말을 바느질하여 기워 신고 남루한 운동화에도 창피해하지 않길.

화내지 않으며 큰소리치지 않고 바쁘다는 말로 다른 사람을 기죽이지 않고 아무리 쫓기는 상황에서라도 짜증부리지 않고 의연하길.

냉장고가 텅텅 비더라도 손님 대접하기에 인색하지 않으며 친절함과 온유함으로 사람을 대하고 매사에 유머가 넘치고 인정이 넘치기를.

마음의 용량을 넓히고 기도와 말씀의 정량을 채워 하나님께서 새롭게 계획하시는 그 원대한 섭리 가운데 유용한 도구로 사용되길.

말과 혀로만 사랑하지 않고 마음에서 넘치는 것으로 사랑하길.

잘못을 회피하지 않고 정직하게 시인하며 다시는 동일한 죄를 짓지 않기를.

오늘 내게 주시는 생명에 감사하며 최선을 다해 살아가기를.

이렇게 2004년을 살아낼 수 있기를 간절히 바란다.

봄이 한껏 물오름을 뽐내고 산마다 산벚나무가 화사함을 더해도 채원이보다 이쁠 수는 없다. 이맘때만 되면 장날마다 쫓아가 알록달록한 꽃화분 장만에 열을 올리곤 했는데 이젠 관심 없다. 우리 꼬맹이… 날이 갈수록 뽀얀 살이 오르고 칠흑같이 검은 눈동자는 보석같이 빛난다. 이젠 엄마, 엄마를 할 줄 알고 제법 오래 앉아 있으며 보행기를 타서는 날아다닌다. 채원이를 보는 아녀자마다 애 하나씩 더 낳고 싶어하는 걸 보면 10년 만에 대박을 터뜨린 게 맞나보다.

재작년 봄. 푸른 하늘을 보며 누워 있던 남편이 닭똥 같은 눈물을 뚝뚝 흘린다. 깜짝 놀라 왜 그러느냐고 했더니 희원이를 생각하면 가슴이 아프다며 그동안 인생을 헛산 것 같단다. 이 험한 세상을 형제 없이 혼자 살아갈 희원이를 생각하며 눈물짓는 남편을 보니 그동안 아이 문제에 대해서는 단호하게 쐐기를 박던 내 마음이 흔들렸다. "알았어, 그만해. 지금이라도 하나 낳지 뭐…"라고 대답했던 게 오늘의 결과를 얻은 것이다.

아이를 가지겠다고 마음먹은 후 거의 1년 만에서야 임신이 되었다. 그 해 임신이 안 되면 남편과 입양할 생각을 하고 있었는데 정말 절묘하게도 2002년 크리스마스 전날 임신 사실을 알았다. 전적으로 하나님의 은혜였다. 늘 몸의 상태를 체크하고 있었기 때문에, 일체 약도 먹지 않고 병원에 가지 않아도 몸의 변화를 통해 임신을 자연스럽게 알 수 있었다. 몸과 마음이 준비된 출산이 었다.

출산을 위한 나의 철학은 분명했다.

'출산은 일상이다.'

내가 임신했기 때문에 일상이 특별히 달라져야 된다는 생각을 버렸다. 10달 내내 임산부이기 때문에 못한 것은 하나도 없다. 4월 창립예배 기념품 제작을 일일이 수작업으로 만든 것도 그렇고, 5월 예산지역 어린이들을 위한 음악회도 한 달 동안 부지런히 숨고르기를 하며 준비했다. 무리하지 않기 위해 미리미리 스케줄을 짜서 조금씩 천천히 움직였다. 6월에 남편이 중학교 동창의 초청을 받아 미국에 간 뒤 할아버지 장례식에서도 나는 임신 7개월의 몸으로 끝까지 빈소를 떠나지 않았고, 남편을 인천공항으로 데려다주고 데려오는 것도 내가 직접 했다. 7월에 있었던 숭실고등학교 농촌봉사활동에 예산 중앙교회 여름성경학교까지 뒤뚱거리며 치러내지 않았던가….

더욱더 중요한 건 매일 매일의 규칙적인 생활이었다. 입덧이 끝나고 7월까지 근 5개월 동안 나는 새벽 5시에 일어나서 저녁 9시에 잠자리에 드는 규칙적인 생활을 신기할 정도로 잘 해냈다. 이틀에 한 번씩 냉온욕을 하고 인스턴트, 패스트푸드, 빵을 비롯한 밀가루 음식과 화학 첨가제가 들어간 음식을 피했다. 물도 생수만 마셨고 입덧 기간에도 내가 직접 나물을 무치고 정갈한 음식을 만들어 먹었다. 외식도 될 수 있으면 하지 않고 집에서 신선한 야채와 한식 위주의 식사만을 고집했다. 아침에 일어나서는 기도를 하고 화분에 물주고 청소를 한 뒤에 매일 한 시간씩 피아노를 치며 찬송가를 불렀다. 임신기간 중 그 어느 때보다 책을 많이 읽었고 남편과 일체 싸우지 않았다. 정신적으로 매우 맑게 깨어 있었다.

아기를 낳는 과정도 내겐 중요했다. 나는 남편이 아기의 탯줄을 잘라주길 원했다. 가족분만실을 예약하고 남편이 처음부터 끝까지 분만 과정을 지켜보게 했다. 화장실 갈 때 빼놓고 남편은 꼼짝없이 내 곁에서 내 손을 잡고 있었다. 이렇게 힘들 줄 알았으면 애 낳자고 하지 말 걸… 남편은 그때 처음으로 후회했다고 했다. 그러나 나는 남편이 이 세상 무엇보다도 가장 중요한 공부를 했다고 생각한다.

채원이가 태어난 뒤 제일 중요한 과제가 남아 있었다. 태변을 제거하는 일이었다. 엄마 뱃속에 있는 동안 장 속에 축적된 노폐물인 태변이 아토피의 주요 원인이 되고 소화장애 등 여러 질병의 원인이 된다고 하니 태변을 보게 하는 일은 너무도 중차대한 과제가 아닐 수 없었다. 나는 이를 위해 간호사와 싸워야 했다. 24시간 이상은 굶겨야 하는데 아이의 피부가 매우 건조하다며 자꾸 우유를 먹이라는 것이다.

"제가 다 알아서 합니다."

가장 자연스러운 출산을 위해 나는 1년 동안 열심히 공부했다. 여기서 포기할 순 없었다. 친정엄마도 역정을 내셨다.

"네가 의사냐? 병원에서 하란 대로 해야지!"

새벽에 채원이를 낳고 점심에 바로 퇴원했다.

채원이는 다행히 잠만 잤다. 중간 중간에 물을 조금씩 먹이니 새까만 태변을 누기 시작했다. 만 24시간이 다가오자 이번엔 죽염을 아주 조금 입에 묻혀주고 물을 먹였다. 그랬더니 이게 웬일인가… 그 조그만 신생아의 몸에서 엄청난 태변이 쏟아져 나왔다. 그 뒤 바로 우유를 조금씩 먹이며 젖을 물렸다.

다음날, 친정엄마와 나는 탄성을 질렀다. 우리가 보길 원하던 황금빛 똥, 마치 노란 물감 같은 똥이 나오는 것이 아닌가. 황금빛 똥은 태변이 다 빠져나왔다는 증거라고 했다.

예산으로 돌아와 10월의 가을 햇빛에 매일 일광욕을 시켰다. 가끔 풍욕도 시키고, 3개월 때 감기에 걸려 코가 찔끔찔끔 나오길래 일주일 동안 반신욕을 시켰더니 거뜬히 나았다.

나는 임신, 출산, 양육에 있어서 대체의학의 덕을 톡톡히 본 셈이다. 채원이는 황달도 언제 지나갔는지 모르게 없어지고, 몇 차례 콧물이 흐르는 정도의 경미한 감기 증세를 제외하고는 아프지도 않고 한 번도 밤낮이 바뀐 적이 없다. 잘 먹고 잘 자고 잘 싼다. 결정적인 것은 요즘 신생아 10명 중 9명에게 나타난다는 아토피 증세가 없다는 것이다. 거기에는 좋은 공기와 물도 한몫했다. 피부가 튼튼하고 짓무름이 없어 분도 잘 안 바른다. 또한 정서적으로도 매우 안정되어 찡얼거리는 법이 없고 인내심이 대단하다. 단단하고 야무진 놈이 태어난 것이다. 7개월 동안 끊임없이 지켜본 결과 이제 안심이 된다.

　내가 이렇게 출산과정을 세밀하게 쓰는 것은 준비된 출산의 중요성을 강조하기 위함이다. 그동안 이런 얘기를 할 수 없었다. 나에게도 일종의 모험이었기 때문에 그 결과를 자신할 수 없었다. 그러나 요즘 채원이를 보면서 그동안의 노력에 확신을 가지게 되었고 자신할 수 있게 되었다. 한 생명을 소중하고 귀하게 보듬어내는 일이야말로 일생일대의 가장 가치 있는 일이 아닐 수 없다. 그러나 그것은 태어나서부터의 일이 아니라 이미 모태에서부터 결정이 된다는 사실을 잊어서는 안 된다. 남자들이 이러한 모든 출산의 과정에 관심을 가져야 한다. 그리고 알아야 한다. 그래야만 잘 준비할 수 있다. 건강하고 튼튼한 아기를 기다리는 분들께 도움이 되라고 목이 뻐근하도록 이 글을 쓴다.

많은 일이 있었다. 목숨 걸고 식이요법을 감행해 4kg을 감량했다. 배가 고프니까 성질이 더러워진다. 신경줄이 팽팽해져 짜증이 늘고 잔소리가 많아졌다. 여유가 없어 글을 쓸 생각조차 못했다. 남편은 그렇게 성질부리면서 살 빼려면 하지 말란다. 그러니까 더 열 받는다. 그러나 정상체중으로 가려면 지금까지 한 것만큼 더 가야 한다. 오기가 생긴다. 여기서 주저앉지 말고 기어코 목표 달성하여 다음 페이지로 넘어가야지… 주변에서 독하단 소리를 들으며 산다.

지난 5월의 쥐 소동 이후 모든 것이 일단락됐다고 생각했는데 오산이었다. 비싼 쥐 퇴치기도 소용없었다. 부엌에서 4마리의 쥐를 잡고도 또다시 어느 새벽에 싱크대 위에서 커다란 쥐와 눈이 마주쳤다.

이장님 말이 맞았다. 싱크대 밑에 외부로 뚫린 커다란 구멍이 있었던 거다. 쥐는 싱크대 밑에서 산 것이 아니라 하수도를 통해 그 구멍으로 끊임없이 들어오고 있었다.

대대적인 공사가 벌어졌다. 싱크대를 다 빼내고 구멍을 철판으로 막고 실리콘으로 봉했다. 하수도 구멍에는 철망을 쳤다. 그 후 레인지 후드가 고장나서 새것으로 갈았는데 기계를 들어내니 정말 기가 차서 말이 안 나왔다. 환기통으로 쥐들이 들어와 새끼를 낳은 흔적에 심지어는 말벌 집까지 나왔다.

수리 기사님은 능숙한 솜씨로 쥐 퇴치를 위해 환기구에 압정과 핀으로 입구를 고정시키고 실리콘으로 봉했다. 그러면서 쥐가 없어지면 개미와 바퀴벌레가 극성을 부릴 테니 지우개를 많이 사다가 곳곳마다 뿌려놓으라고 했다. 휘발성이 있어서 개미가 도망간다는 거다. 다음날 거짓말 같은 일이 벌어졌다. 냉장고 밑에 개미가 들끓기 시작했다. 에프킬라를 뿌려 겨우 없애버리고 나니 다음날은 싱크대 위에 개미가 벌떼처럼 모여들었다. 음식이 있는 곳이면 어김없이 개미가 꼬였다. 싱크대 위를 완전히 치우고 개미통로에 독한 락스를 바르고야 겨우 진정시켰다.

쥐 때문에 처음으로 안골에 살기 싫다는 생각을 했다. 날마다 부엌에 들어가는 게 공포스러웠다. 곳곳에 쥐 끈끈이가 펼쳐져 있고 언제 나타날지 모를 쥐 때문에 전전긍긍해야 했으니까…

그런데 이번 기회를 통해서 우리가 시골을 너무 몰랐다는 걸 알았다. 시골 출신인 기사님 말에 의하면 끈끈이를 놓는다는 것은 일부러 쥐를 부르는 일이라는 것이다. 먼저 쥐가 들어올 수 있는 모든 구멍을 차단해야 한다. 그리고 끈끈이 대신 압정을 뿌려야 한단다. 그런데 가장 좋은 방법은(아직도 이 얘긴 믿지 않지만) 다음과 같다고 그 기사는 전제 조건을 달았다.

"담력이 강한 사람이 있어야 합니다. 먼저 집 주위를 돌아다니는 큰 쥐를 잡아 똥구멍을 실로 꼬맵니다.(이때 나는 톤 높은 괴성을 질렀다.) 그러면 그 쥐가 미쳐 날뛰면서 다른 쥐를 잡아먹기 시작합니다. 얼마 후엔 쥐를 구경할 수 없게 되지요."

아…지금도 정신이 아찔하다. 옛날 어른들은 이렇게 쥐를 퇴치했다고 한다. 생각만 해도 온몸에 소름이 끼치고 그렇게까지 해서 쥐를 잡느니 차라리 동화작가 권정생 선생님처럼 쥐와 한 방에서 사는 게… 아니? 내가 지금 뭔 소릴 하는 거야… 그건 말도 안 되지… 어쨌든 안골에서 쥐와의 전쟁은 모든 구멍을 차단하는 것으로 종료되었다.

여름이 되면 엄청난 곤충들을 만난다. 이불 속으로 커다란 거미나 지네같이 생긴 돈벌레가 다니는 것은 일상이고 방방마다 펄쩍이는 개구리, 풍뎅이, 나방에다 파리와 모기는 기본이다. 안골을 방문한 사람들의 공통된 얘기 중 하나는 벌레가 많아서 시골에서는 못살겠다는 것이다.

전에는 그러려니 했는데 채원이가 어리다보니 요즘은 신경이 많이 쓰인다. 그래서 전자식 살충기도 사다놨지만 바닥을 기어다니는 수많은 것들은 거의 소화하지 못한다. 곰곰이 생각해보니 다른 생명과 함께 사는 삶이 자연스러운 것인데 문명은 불편함과 비위생적인 것을 차단하며 발전된 것이 아닌가 싶다.

흙집은 쥐가 들끓는다. 그러니까 벽돌집을 짓기 시작하고 시멘트를 견고히 바르기 시작한 것이 아닐까? 시골에서는 죽어도 못살아,라고 내 앞에서 얘기하는 사람들을 보면 그럼 난 죽었냐?라고 못되게 되받아쳐보지만, 참으로 맑은 공기와 물을 얻는 대신 감내해야 될 것들이 많음을 실감한다. 벌써 안골에 온 지 만 3년이 되었는데도 말이다.

서울을 떠나며 아무런 아쉬움도 없었다. 하지만 한강을 지나는 순간 그래, 한강이 있었지… 갑자기 코끝이 시큰해지더니 눈물이 고였다. 콩나물시루 같은 버스 속에서 파김치가 된 나의 유일한 낙은 출퇴근 시간 차창 밖으로 한강을 바라보는 것이었다. 삶의 통로를 찾던 허탄한 마음은 늘 바다를 그리워했지만 한강은 바다보다 넓은 가슴과 부요한 침묵으로 날 위로해주곤 했다.

남편 역시 한강 둔치를 좋아했다. 조용하게 글을 쓰거나 기도할 수 있다고. 예산에 내려오기 직전까지 남편과 함께 거의 매일 한강 둔치에 가서 무심한 강물을 물끄러미 바라보곤 했다. 이삿짐을 내려 보내고 가족과 함께 한강에 들른 나는 그렇게 속삭였다. '내게 늘 바다가 되어주어 고맙다. 네가 많이 그리울 거야…'

예산에 오니 내가 사는 안골마을 앞으로 저수지가 보였다. 그러나 그것은 상류의 작은 지류일 뿐이었다. 예당저수지의 산책로를 따라 그 거대한 전체의 모습을 보았을 때 나는 또다시 바다를 떠올렸다. 예당 바다… 우리나라에서 가장 큰 저수지라고 했던가.

그러나 일제 치하에서 우리 민족의 강제 노역으로 이 저수지가 만들어졌다는 말을 듣고 많이 놀랐다. 일일이 삽으로 파고 손으로 흙을 날라 이 넓은 저수지를 만들기까지 얼마나 많은 사람들이 고통을 당했을까를 생각하니 이곳이 그저 낭만적으로만 보이지 않는다.

　예산에 정착한 지 이제 만 3년이 되었다. 예당저수지가 없었다면 우리의 예산 살이는 조금 삭막했을지도 모르겠다. 더이상 통로를 찾아 헤매지 않게 되었지만 일상에서 켜켜이 쌓인 불순물들을 떠나보내고 싶을 때면 다시 나는 예당저수지의 산책로를 걷는다. 푸른 물을 향해 눈을 감고 가슴을 열어 숨을 크게 들이마시노라면 저수지의 풍광은 바다가 되어 내 안에 담긴다. 상류에서부터 흘러온 모든 물을 품에 안고 정성스레 어린 고기들을 키워내며 묵묵히 온 계절을 제 안에 담아내는 모습이 우리네 어머니를 닮았다.

　내 삶도 그러해야 할 텐데… 서울의 지인들이 안골을 방문할 때마다 우리는 자랑처럼 예당저수지 산책로를 소개시켜주곤 했는데 보는 사람마다 감탄을 금치 못한다. 예산의 명물이 아닐 수 없다. 소중한 사람과 함께라면 그저 말없이 경관을 감상하거나 아니면 예당저수지의 과거와 현재, 그리고 미래를 이야기하며 산책로를 걸어도 좋으리라. 거기서 우리는 때로 사랑을 키우기도 하고 숨가쁜 일상을 되돌아보기도 할 것이다. 그곳은 우리 모두에게 크고 맑은 숨을 쉴 수 있는 통로가 될 거라는 믿음이 내게 있다.

희망사항이다.

자기성찰적 글은 정화 능력이 있다. 그것은 단순한 배설을 넘어선 카타르시스를 동반한다. 참으로 부지런히 깨어 있는 자만이 매일 새로운 글을 쓸 수 있는 것이 아닌가 생각한다. 글을 쓰는 순간은 마치 성스럽기까지 하다. 그래서 내 생각이 너무 세상을 향해 달려가고 있으면 차마 컴퓨터 자판 앞에 앉지 못한다. 그것이 내가 글을 쉽게 쓸 수 없는 이유다.

요즘은 말의 한계를 절실히 느낀다. 어떤 문제를 해결하는 데 또는 누군가를 설득하는 데 있어서 말이 할 수 있는 역할은 얼마나 적은가.

그래서 기도를 시작했다. 화를 품은 말이 그것을 내뱉는 사람에게 얼마나 치명적인 독이 되는지를 알기 때문이기도 하다. 또한 절실함 없는 편안한 일상이 내 영혼에 얼마나 무서운 적이 되는지도.

아침에 아이들을 학교에 데려다주려고 현관 모기장 틀을 열려는데 뭔가 시커먼 게 떡 버티고 있다. 으악…. 웬만한 것엔 이제 놀라지도 않을 판인데 대체 이 괴물은 무언가? 어린아이 머리통만 한 두꺼비다. 크기도 더럽게 크다. 하필이면 이놈이 내 샌들 위에 앉아 있다.

짜아식, 비켜! 파리채로 등허리를 툭툭 치니 신발장 안으로 펄쩍 들어간다. 덩치도 큰 놈이 엄청 민첩하다. 숨죽이고 기다리고 있던 아이들을 향해 자, 이제 됐어요… 빨리 뛰어! 샌들 끈도 묶지 못하고 뛰어나오는 아이들을 차에 태우고 출발하려는데 어느새 두꺼비가 현관문으로 튀어나온다. 고놈, 잘 나간다… 그게 문인 줄은 아는구먼?

아이들을 학교에 내려주고 의기양양하게 현관문을 들어오는데 현관 한쪽에 기다랗고 검은 떡가래 같은 똥이 좌악…. 아니, 그럼 아까 그놈이? 내 이 녀석을 그냥 콱… 김나는 머리를 쳐들고 주변을 이리저리 둘러보았지만 민첩한 울트라 두꺼비는 간곳이 없다. 보기만 해도 짜증나서 한나절 내내 현관문 열어놓고 치우지도 않았다.

학교에서 돌아온 아이들, 남편이 코를 쥐고 빨리 똥 치워!…

우씨, 결국 내 손으로… 두꺼비 나쁜 놈.

언제부터였던가… 아, 그래 정확히 채원이가 하루 종일 집안을 종횡무진하며 낮잠도 조금만 자기 시작하면서 나의 글쓰기는 중단되었다. 그러다보니 안골 생활을 시작하면서 적지 않은 숨길이 되었던 글쓰기를 마음 한구석에서 체념하였던 것 같다.

지난 2004년 겨울, 성탄 음악회와 송년 음악회를 끝내고 좀 쉬어야 하는데 바쁜 언니를 대신해 조카를 돌보며 또 무슨 카드를 만든다고 일주일 동안 주구장창 매달려 있었더니 1월 한 달 내내 한의원, 내과 등 여러 병원 신세를 졌다. 모두들 과로라고 했다.

2월에는 운동을 조금씩 시작하면서 몸을 추스르려는데 남편의 마비된 팔이 탈골되는 바람에 20일 이상을 같이 고통 속에 보내야 했다. 요즘은 남편 팔도 많이 회복되었고 나도 운동을 열심히 하고 있다.

며칠 있으면 남편은 목사 안수를 받는다. 서울에서 목회에 대한 아무런 비전도 없었을 때 희원이가 이렇게 물었었다.

"아빠, 언제 목사님 돼?"

"네가 6학년이 되면…"

그 말이 예언이 될 줄이야… 친정 언니는 셋째 아이를 가졌고 친정부모님이 예산으로 이사 오시기로 결정하셨다. 안골교회를 위해 여생을 헌신하시겠단다.

희원이가 다니던 황계분교는 올해부터 비공식적으로 폐교가 되었다. 지금 희원이는 노란 스쿨버스를 타고 면에 있는 신양초등학교를 다니고 있다. 재작년에 교장 선생님이 바뀌셨는데 교육에 대한 대단한 열정으로 불과 2년 만에 신양초등학교를 충남에서 손꼽힐 정도로 유명한 학교로 만드셨다.

며칠 전 직접 학교를 견학했는데 뒤로 넘어갈 뻔했다. 새로 지은 체육관 겸 강당, 깨끗하고 쾌적한 도서관과 충남 전체에서 대상을 받은 최고 시설의 과학실, 물레방아가 돌아가는 정원에 야외 도서대까지… 입이 절로 벌어진다. 앞으로도 식당 벽을 통유리로 바꿔 식사를 하면서 아름다운 정원을 볼 수 있도록 하고 학교 주위의 녹화 사업을 위해 수천만원을 들인다고 한다. 세상에… 이런 시골의 면단위 초등학교에 이렇게 최고의 시설이 갖춰졌다는 것을 누가 믿을까?

희원이가 이렇게 좋은 학교에서 단 1년이라도 공부하게 된 것이 너무도 감사하다. 채원이는 이 모든 혜택을 톡톡히 보겠지…

희원이가 신양초등학교로 가면서 나는 몇 가지 소원을 이루었다. 특기적성으로 사물놀이를 배울 수 있게 된 것이 그 한 가지다. 그리고 예산 읍내에 있는 어린이 도서관이 무색할 정도로 잘 갖춰진 학교 도서관… 새로 나온 책들이 그득 그득해서 희원이는 매일 책을 빌려온다. 올해만도 아이들을 위한 도서 구입비가 5천만원이나 책정되었다고 하니 더 좋은 책들을 마음껏 볼 수 있게 되었다.

햇살이 눈부신 오후… 희원이와 채원이는 마당에서 머리를 맞대고 냉이를 캔다. 유독 고양이를 좋아하는 채원이는 고양이 꼬리를 붙잡겠다고 귀찮아하는 놈을 연신 쫓아다닌다. 혹시 할퀴기라도 하면 어쩌나 걱정해보지만 고양이도 채원이가 그리 싫지 않은 모양이다. 곰 세 마리를 어설피 부르고 세상에서 가장 행복한 미소를 짓는 채원이 덕에 하루에도 몇 번씩이나 가슴 벅차게 웃는다.

2005년 안골교회는 남편의 목사 안수와 더불어 다시금 새로운 지평을 마주한다. 창고를 리모델링해서 황토로 된 교육관을 지을 계획과 엽기적인 몰골로 전락해버린 닭장을 부숴버리고 예쁜 화단과 텃밭을 만들 생각이다. 외양뿐 아니라 영혼을 사랑하는 뜨거운 열정을 몸과 마음으로 발산하는 한 해이길 바라본다. 너무도 기다리던 봄이 정겹게 다가오고 있다.

요즘 안골에서 느끼는 것은 '지기'로서의 삶이다.

내가 세상을 살면서 평생 가장 잘할 수 있는 일이 무엇일까를 곰곰이 생각해보니, '무엇을 지키는 것'을 제일 잘할 수 있을 것 같다. 내 가정을 지키는 것, 그리고 안골을 지키는 것. 그저 나무처럼 묵묵히 서서 외로우나 슬프나 괴로우나 즐거우나 그 자리를 지키는 일이 전에는 의무처럼 느껴지기도 했는데 이제는 그것이 제일 내게 합당하고 잘할 수 있는 일이라는 생각이 든다. 삶에 있어서 기술적인 것은 거의 문제가 되지 않는다. 예산에서 4년 정도 사는 동안 소소한 일거리들이 끊임없이 들어왔지만 그것은 내가 잘할 수 있는 일이 아니라는 결론을 내렸다.

안골 4년 동안 내가 가장 많은 시간을 들여 한 일은 '청소'다. 타고나기를 게으르게 타고나서 내가 필요하다고 생각하지 않으면 좀처럼 엉덩이를 떼지 않는 성미인데 안골의 삶은 나의 근성을 바꾸어놓았다. 이제 더이상 게으르다는 소리를 듣지 않을 만큼 내 몸은 바지런해졌다.

이것은 참으로 중요한 변화다. 내 존재가 날마다의 청소를 통하여 조금씩 변화되었다는 사실. 내가 청소를 열심히 하는 사람이 된 것이 얼마나 다행인지 모른다. 나로 인하여 많은 사람들이 날마다 쾌적한 공간에서 호흡할 수 있게 된 것은 참으로 의미 있는 일이다. 쾌적한 공간은 또다른 창조적 환경을 창출한다.

그러한 창조적 환경에 많은 사람들이 노출되었으면 하는 바람이다. 내가 무엇을 소유하고 있는가가 아닌, 무엇을 소유하기 위해 쫓고 쫓기는 삶이 아닌, 끊임없이 내가 어떤 존재인가를 묻는 삶을 살고 싶다. 더 열심히 안골을 청소하며 살리라.

서울 정릉감리교회 청년부 단기선교

2005년 여름 안골 최대의 하이라이트라고 해도 과언이 아니다. 이들이 떠난 후 안골마을은 울음바다가 되었다. 마을 어르신들을 다 울려버린 정릉감리교회*의 열정적인 청년들에 대해 얘기하지 않을 수 없다!!

이들은 사전준비부터 철저했다. 답사만도 두 번을 왔고 선교활동을 위한 설문지에 질문만도 50개가 넘었다. 수련회 오기 전에도 계속 전화를 하면서 상황을 체크했다.

안골에 도착하자마자 마을회관에는 멋진 현수막이 걸리고, 심지어는 회관 입구에 사전제작한 배너까지 세워졌다. 청년들은

---

* 정릉감리교회 청년부 단기 사역팀을 처음 만났을 때 앞으로 10년 동안 안골에 보내달라고 부탁을 드렸었는데 그 어려운 약속을 지켜주셨다. 당시 정릉감리교회 담임목사님이셨던 구자경 목사님(현재 창천교회 담임)과 인솔하신 부교역자님들, 안골에서 헌신의 아름다움을 보여주었던 모든 청년들에게 사랑과 감사를 전한다.

신속하게 오색풍선으로 마을회관 안을 꾸미기 시작했다. 그날 저녁 청년들은 집집마다 돌며 어르신들께 인사는 물론 준비한 떡과 사탕을 돌렸다.

다음날, 청년들은 마을잔치를 열겠다고 했다. 음식은 서울에서 직접 공수. 정릉감리교회 권사님들께서 밤새 준비한 음식을 장로님들이 새벽같이 봉고에 싣고 내려오셨다. 정말 감동 그 자체였다. 몸보신용 삼계탕과 부침, 샐러드, 떡, 과일 등을 푸짐하게 먹은 후 작은방에서는 한방진료(침, 뜸)가, 현관에서는 염색이, 큰방에서는 지압이 동네 어르신들을 대상으로 실시되었다. 아주머니들께는 보너스로 천연 팩 마사지까지…

이쯤 되니 마을 분위기가 장난 아니다. 입이 귀까지 찢어져서는 고맙다고 인사하시며 흩어진 시간이 밤 11시. 파김치가 된 청년들은 또다시 다음날 순서를 연습한다.

셋째 날이 밝았다. 오전에는 풀 뽑기를 하고 이제 청년들이 풍물패 옷으로 갈아입고 장구와 북을 들고 마을을 한바퀴 돈다.

'오늘 저녁 교회에서 연극공연을 합니다.'

안골교회가 생긴 이래 가장 많은 사람들이 수요예배를 드렸다. 태어나서 복음성가를 처음 들은 마을 어르신들이 청년들이 하라니까 군말 없이 율동을 따라한다. 「위대하고 강하신 주님」「손을 높이 들고 주를 찬양」… 온몸을 내던진 젊은이들의 투혼이 눈물겹다. 감동적인 연극과 예배가 끝난 후 간단한 다과와 함께 지압, 마사지 시간… 농사일에 지친 어르신들은 지압을 받으시

는 동안 코를 골며 주무신다. 여자 청년들은 마을 아주머니들이
마치 자신의 친할머니라도 되는 양 어리광을 부리고 틈틈이 어
깨를 주무르고 재미있는 얘기로 웃겨드린다.

눈이 부실 정도로 아름다운 광경이었다. 어떻게 저런 에너지
와 열정이 솟아나는지 신기했다. 속정이 있는지는 몰라도 뚝뚝
하고 살갑지 못한 내가 원망스러울 지경이었으니까…

그들의 정성은 하늘을 찔렀다. 그들이 마을잔치 때 노래자랑
에 쓰려고 포장해온 선물에는 다 안골교회 스티커가 붙어 있었
다. 이 단기선교를 위해 특별히 제작한 것이다. 여벌 스티커만 해
도 수백 장이 남아 있다.

마을 어르신들에게 모두 한방 소화제가 제공되었고 한방 진료
를 통해 몸에 맞는 약이 일주일치 이상씩 분배되었다. 약 재료를
위한 헌금이 따로 책정되었던 것이다. 또한 안골교회와 교회 전
화번호가 프린트된 수건이 모두에게 전달되었다.

청년들은 무척 피곤했을 텐데도 새벽 6시마다 침묵기도를 수
련하는 일에 게으름을 피우지 않았다. 모든 것이 철저하게 안골
교회를 위해 맞추어져 있었다.

안골에서의 마지막 밤, 몇몇 자매들과 새벽까지 이야기를 나
눴다. 그들은 나와 이야기를 마친 뒤에도 자지 않고 그동안 틈틈
이 찍어둔 마을 어르신들의 사진을 식구별로 모아 시계를 만들
었다. 시계에는 4장의 사진이 들어 있다. 안골교회와 성경 구절,
어르신들의 사진이 가지런히 놓여 있고 그 중앙에서 시계바늘이

돌아간다. 놀라운 아이디어다.

아침부터 청년들의 눈이 벌겋다. 기도회 시간에 「우리가 부르는 노래」를 배우는데 동그랗게 앉은 청년들이 흐느끼다 못해 나중에는 엉엉 운다. 내 눈도 촉촉해진다. 눈물은 자신이 쏟은 열정만큼 흐르는 것 같다고 나는 말했다.

마을 어르신들이 우리도 받아먹을 수만 없다고 떠나기 전날 이장님 집에 모여 밤늦도록 음식을 만드셨다. 마을에 또다시 잔치판이 벌어졌다. 이번엔 마을 아주머니들이 정성껏 만드신 어죽과 맛난 음식들로 모두 배불리 먹었다. 청년들과 마을 사람들이 한데 어울려 춤을 추며 노래를 부르는데 보기만 해도 가슴이 벅차다.

이별의 시간, 청년들과 마을 사람들이 얼싸안으며 눈물을 흘린다.

"꼭 또 와."

"네, 내년에 다시 올게요."

지금 안골마을 집집마다 청년들이 만든 시계가 돌아가고 있다.

정릉감리교회의 아름다운 청년들… 생각만 해도 좋다.

9월 11일. 미국에서는 테러 참사의 추모행렬이 이어지겠지만 공교롭게도 내게는 결혼기념일이다. 올해로 12년째. 오래도 살았다. 아침에 희원이가 편지를 내민다. 그동안 모은 돈 22만원과 함께…

> 엄마, 아빠께
>
> 먼저 축하드린다는 말부터 드리고 싶어요.
>
> 결혼 12주년 축하드립니다.
>
> 채원이가 태어나고 나서 엄마가 힘들어하는 모습을 보니 '도와야 겠다, 도와야겠다' 하면서도 빈둥빈둥 놀기만 한 제가 한심해 보입니다.
>
> 아빠가 몸이 불편하셔서 '도와야겠다, 도와야겠다' 하면서도 짜증 내기만 한 제가 후회스럽습니다.
>
> 이제 저도 12년이란 삶을 살았습니다.
>
> 그동안 키워주신 엄마, 아빠께 감사함을 표합니다.
>
> 10주년이 엊그제 같은데 벌써 12주년이라니…
>
> 세월은 참 빠른 것 같습니다. 그래서 제가 시를 준비했어요.

가족

울지 말아요.

웃기만 해요.

자책하지 말아요.

주위를 둘러봐요.

큰소리치지 말아요.

사랑의 스피커를 켜세요.

당신은 나의 전부입니다.

당신은 나의 사랑입니다.

사랑합니다.

고맙습니다....

— 2005년 9월 11일 큰딸 희원 올림.

편지를 읽는데 눈에서 눈물이 주르륵 흘러내린다.

부족하기만 한 부모 밑에서 그동안 여러모로 맘고생 많이 한 희원이의 마음이 시에서 보인다. 서로 사랑만 하기에도 부족한 인생인데 남편과 나는 서로에 대한 피해의식에서 벗어나지 못한 채 적지 않은 시간 좋지 않은 모습을 보여왔다.

지금 생각해보면 서로 좀더 적극적으로 자신을 변화하려는 의지가 부족하지 않았나 싶다. 그래도 이혼도장 찍지 않고 이제까지 죽을 것 같은 고통을 부여잡으며 결혼생활을 유지한 것은 다

새끼들 때문이었다. 남편이나 나나 자식들 눈에서 피눈물 나게
하는 일은 없어야 한다는 데는 의견이 일치했다. 한때는 사네 안
사네 내뱉기도 했지만 10년이 지나고서는 아무리 감정 상하는
일이 있어도 이혼 이야기는 꺼내지 않는다.

오랜 감정싸움은 사실 서로의 내면에 많은 상처를 준 게 사실
이다. 그것이 치유되려면 앞으로 얼마나 지나야 할지 모르겠지
만 분명한 건 하루라도 빨리 나 스스로 이 피해의식에서 빠져나
오지 않으면 영원히 해결될 수 없다는 것이다. 적어도 이 문제에
있어서만은 누구의 도움도 받을 수 없다.

그러나 희망이 보인다. 내 딸의 시에서 나는 새로운 힘을 얻고
위안을 받는다. 어린 희원이가 천사와 같은 마음으로 나와 남편
을 위로하고 있지 않은가.

정말이지 오늘은 아무도 없는 곳으로 가서 펑펑 울고 싶다. 내
딸이 너무 착해서 가슴 아프다. 나보다 더 넓은 마음과 깊은 속을
지닌 내 딸에게 한수 배워야겠다.

사랑이 무엇인지를….

터널

서해안 고속도로를 타고 서울로 올라가는 길에는 몇 개의 터널이 있다. 나는 끊임없이 터널을 지나왔다. 어떤 것은 길었고 어떤 것은 짧았다.

길고도 앞이 보이지 않는 터널에서 나는 지금 빠져나오고 있다. 터널 안 어둠 속에서 나는 내 영혼이, 내 가슴이, 내 몸이 경직된 것을 몰랐다. 너무 오랫동안 그 무엇을 원망하며 온몸을 오그리고 있었다. 난 진심으로 미소 짓지 않았다. 늘 속으로 울고 괴로워하면서 거짓 미소를 지었다. 그래서 눈부시게 환한 미소를 지닌 사람을 보면 가슴이 시렸구나. 심술이 났구나.

어쩌면 나는 터널을 빠져나오기 싫었는지도 모른다. 오그라진 손과 팔에, 너덜거리는 심장에 익숙해졌는지도 모를 즈음 내게 살포시 다른 바람이 스쳐 지나간다. 작은 빛이 나를 비춘다. 내 추한 몰골이 동공에 가득 찬다. 아, 너무 싫다… 너무 절실하게, 죽고 싶을 정도로 이 모습이 싫다…

스치는 바람이 내 귓가에 속삭인다. 네가 그렇게 선택한 거야, 바보야, 게으른 너는 아무것도 하려고 하지 않았어. 너는 열심히 무엇을 한 척했을 뿐 사실 아무것도 하지 않았어, 아무것도…

아, 그렇구나… 그렇구나… 그랬구나… 나는 변하려 하지 않았구나…

그 순간 내 눈앞 터널의 끝이 보인다. 가슴이 벅차오른다. 나는 오그라진 손을 펼쳐 그 눈부신 빛을 잡으려 팔을 뻗친다. 쉽지 않다. 그러나 잡고 싶다, 잡고 싶다… 경직된 몸과 마음과 영혼은 조금씩 생기를 얻는다. 나는 지금 오래된 터널 끝을 빠져나오고 있다… 변화된 삶은 철저한 자기반성과 성찰에서 시작된다는 것을 깨닫고 있다.

그들을 통해 내가 배우는 것들

마을 아주머니 세 분을 모시고 한글 공부를 시작한 지 만 두 달이 지났다. 2006년 새해 들어 한 달 동안은 하루에 두 차례씩 한 번에 두 시간이 넘도록 공부했다. 공휴일도, 주말도, 주일도 없었다.

내가 시켜서가 아니다. (지금 생각하면 그땐 제정신이 아니었다.) 한 달이 지나고 내 몸의 피로가 누적되면서 자연스럽게 하루에 한 번씩 공부하기 시작할 때도 쉬는 날은 없었다. 그래서 내가 제안했다.

"성경에 안식일에는 집에서 기르는 육축도 쉬라고 기록되어 있으니 우리도 제발 주일 하루만은 푹 쉽시다!!!"

그래서 딱 한 주 주일을 쉬었는데 그 다음주 토요일 저녁 한 아주머니께서 하시는 말씀.

"공부하러 안 오니까 아주 심란하고 갑갑해서 죽겠어. 다음주에 설도 있고 하니 내일 저녁 공부하러 오면 안 될까?"

설 때 놀 것을 염려해 보충까지 미리미리 챙기는 이 열성 아주머니들을 누가 말리랴. 설 때 이틀을 놀고 월요일과 화요일, 언니 식구들이 오는 바람에 엉겁결에 쉬었더니 아니나 다를까 그 다음날 열성 아주머니 한 분이 삐치셨다.

"내일부터 난 안 배울 텡께. 아이구, 다리 아파서 못 배우것써. 그리고 선상님도 바쁘신디 미안해서도 못 하것구."

어르고 달래서 간신히 원상복구하고서는, 주위에서 놀자고 한글 공부 하루만 쉬라고 나를 꼬셔도 이젠 이렇게 얘기한다.

"한글 공부 빠지면 아주머니들한테 칼 맞어."

그들은 공책을 넉넉히 사드려도 달력을 잘라 일일이 자로 줄을 그어 글씨 연습을 하시고, 공책에 빈 칸 하나 남을라치면 아는 글자라도 더 써 달라시며, 몽당연필 하나 버리지 않고 볼펜 꼭지에 끼워 쓰시는 분들이다. 정말 잊혀져가는 오래된 영화 필름 속에나 나올 법한 그림을 나는 매일 보고 산다.

그들은 이렇게 탄식한다.

"왜 우리 아버지는 나를 학교에 보내주지 않아서 이렇게 고생하게 만드셨나."

"내가 한글만 알았어봐. 깡시골에서 이렇게 죽을 고생하며 사나."

"아주 내가 못 배운 게 평생 한이 맺혀서 열심히 배와야 해."

그들은 새벽 4시부터 일어나서 한글을 공부한다. 매일 보는 단어시험에 거의 100점을 맞는다. 처음에는 단어시험 본다니까 청심환을 먹어야 할 정도로 긴장하시던 분들이 이제는 시험을 보지 않으면 사는 재미가 없을 정도가 되었다. 나도 할 수 있다는 자신감이 눈에 보이면서 한글 공부에 가속도가 붙는다.

"글씨, 신문에 나오는 단어를 읽겠드라니까."

"거, 뭐시기, 텔레비죤에 나오는 자막 있잖여. 이젠 제법 보이더라구."

"한약방 갔는데 그기 써놓은 약 이름이 눈에 보이는 기 어찌나 신기하든지."

"나는 한글 다 배우면 부녀회장 할 거여. 마을을 싹 바꿔놔야지."

"난 운전면허 딸겨. 될라나?"

"난 성경만 줄줄 읽을 정도만 되면 좋것써."

"예끼, 그러면 한글 공부 끝이지."

그들을 보면 때론 마음속에 눈물이 흐른다. 더 내려갈 곳 없는 민초들의 삶이 그들에게 투영된다. 자신의 삶을 선택할 기회조차 주어지지 않았던 그들이 감내하고 겪었을 수많은 삶의 고통이 한숨 속에서 내뿜어질 때 어떠한 위로의 말도 할 수 없었다.

한글 공부를 마치는 날, 나는 그들의 막대기같이 뻣뻣해진 손을 잡고 하염없이 울지도 모르겠다. 너무 고맙다고, 그리고 사랑한다고… 그리고 이 땅의 위대한 어머니들께 큰절을 올릴 것이다.

"…제가 볼 때 저는 나그네예요. 나만의 길을 걷는 나그네… 아이러니가 있어요. 나그네를 보면 참 낭만 있어 보입니다. 하지만 정작 본인은 발바닥에서 물집이 터지고 엄청나게 고통스럽기도 하지요. 저는 '무시로'라는 말을 다르게 해석해요. 없을 무無, 때 시時, 길 로路 즉, 길 위에서는 시간이란 게 존재하지 않는다…."

한 일간지에서 그의 인터뷰 기사를 보고 다이어리에 옮겨 적었다. 나도 같은 생각을 하며 살기에 뜨끔했다고나 할까.

안골에 사는 것이 정말 그러하다. 밖에서 보면 참 낭만적으로 아니면 한가로이 경치나 구경하며 속 편하게 사는 것처럼 보일 수 있다. 그러나 막상 나는 매일 전쟁을 치르듯 살고 있다.

"주님, 저를 도와주십시오"라는 기도를 입에 달고 살지 않으면 정말 한시도 살 수 없는 절박한 심정으로 산다.

호시탐탐 나를 무너뜨리려는 사탄의 세력들을 미세한 일상의 호흡 속에서 분별해내는 지혜를 구하지 않았다면 나는 벌써 이국만리로 떠나는 비행기를 탔거나 아니면 예당저수지 속의 물고기 밥이 되어 있을지도 모를 일이다.

죽을 만큼 충분히 고통스러운 나날이 얼마나 많았는지, 앞으로 또 얼마나 그러한 위기의 순간들이 나를 기다리고 있을지 모르지만, 나를 지탱시켜주는 것은 도대체 무엇일까?

하나님께서는 단지 잠깐 동안 즉 '찰나'의 가슴 벅참을 통해 나를 위로하신다. 그것은 수많은 일상 가운데 지극히 작은 시간이지만 새로운 생명의 기운이 가져다주는 가슴 벅참으로 나는 또다시 내일의 태양을 기다린다. 그것은 채원이의 맑은 웃음일 수도 있고, 어느 성도가 가져온 아름다운 화분일 수도 있다.

친정어머니는 늘 "하나님께서 거저 주시는 은혜를 잊지 말고 반드시 밥값을 하며 살아야 한다"라고 말씀하셨는데 요즘 나는 하나님께 떳떳한 어조로 "제가 밥값은 하고 살지 않나요?"라고 반문한다. 건방지게 말이다. 고통 없이 얻어지는 것은 아무것도 없다.

봄비가 오는 이유

봄비가 내릴 때마다 시야에 보이는 풍광이 달라진다. 먼지와 물을 머금어 검붉어진 흙 속에서 여리디 여린 연두색의 새싹들이 얼굴을 들이민다. 봄비가 한 번, 두 번 올 때마다 마치 '무궁화 꽃이 피었습니다'를 외치는 술래 앞으로 몰래 다가가듯 그렇게 꽃들은 세상에 자신의 존재를 드러낸다.

그러나 2006년의 봄은 유난히 바람이 세차다. 흔하게 볼 수 없는 바람이 그렇게도 분다. 지붕 위의 비막이 천막을 괴어놓은 벽돌도 날려버릴 정도로 강한 바람이다.

예배당 공사 현장은 엄청나게 쌓인 톱밥들이 흙과 섞여 날리는 바람에 가히 눈을 뜰 수 없을 정도다. 계속되는 봄비와 강풍으로 공사가 많이 지연되었다.

그러나 우리는 비가 오지 않게 해달라고 기도할 수 없다. 일하는 사람 중 어떤 사람은 하나님도 무심하시다고 하지만 봄비로 인해 세상이 어떻게 달라지고 있는지 아는 까닭이다.

안골 예배당 건축을 시작한 이래 나는 매일 꿈을 꾸는 것 같은 몽환적 상태에 젖어 있다.

매일 반복되는 일, 그러니까 하루에 수십 잔의 커피와 차를 나르고 점심과 새참 준비, 설거지와 청소를 반복하면서 마치 최면에 걸린 것처럼 의식은 몽롱하게 들떠 있다.

피곤이 오랫동안 쌓인 탓도 있고 예배당을 짓는 현장의 매우 독특한 분위기 때문이기도 하다. 오직 사랑과 평화만 그득한… 모두 혼연일체가 되어 노동하고 즐겁게 밥상을 나누며 누구 하나 얼굴 찌푸리는 법도 없고 큰소리를 내는 법도 없다.

지붕에 흙을 던져 올리는 매우 힘든 작업을 하면서도 누군가 이렇게 외친다.

"변화구 말고 직구로 던져!"

다들 박장대소하며 멋지게 던지기 위해 애를 쓰다가 지붕 위에 채 못 미쳐 떨어진 흙덩이를 다시 잡으러 가는 모양에 또 웃고 그러다 지붕 위에서 기를 불어넣는 추임새를 넣으면 현장의 분위기는 한껏 고조된다. 어린 채원이도 창 밖에서 벌어지는 일들이 보기만 해도 재미있는지 깔깔거리며 웃는다.

예배당의 모습을 갖추어가다

우리가 수고하여 만드는 예배당은 대궐처럼 웅장하지도 화려하지도 않다. 돌과 흙과 나무… 우리 주변에서 흔히 볼 수 있는 지극히 자연적이고 상식적인 재료들을 이용하여 짓고 있다. 이러한 집은 그 옛날 가난한 민초들이 거하던 곳이다. 지으면 지을수록 주변 환경으로부터 분리되는 것이 아니라 오히려 자연에 묻혀버리는 모양새가 신기할 뿐이다.

자연이 숨 쉬는 예배당을 만들기 위한 이들의 수고는 눈물겹다. 한 차에 80만원을 호가하는 자연석 구입을 포기하고 이를 얻기 위해 이 산 저 산을 밤늦도록 헤매며 돌 주우러 다니기만을 여러 날, 예산, 홍성, 청양, 광시 일대의 제재소를 다 뒤져 질 좋고 굵은 육송과 낙엽송 구하기를 여러 날, 허물어진 오래된 한옥만을 찾아다니며 귀한 기와 실어 나르기를 여러 날. 현관 앞을 받치고 있는 주춧돌은 버려진 돌을 주워왔고 문틀이나 식판대도 다 남이 쓰던 것들을 다시 걸어놓았다. 그래서인지 새 집이지만 새 것이 주는 광택은 전혀 없고 오히려 오래되고 낯익은 느낌이 든다.

수많은 사람들의 손길과 땀과 정성이 어우러진 안골 예배당이 거의 완성을 향해 가고 있다.

온몸으로 땀 흘려 일한다는 것은 얼마나 신성한가. 하루 종일 돌만 쳐다보며 묵묵히 일하다보면 어느새 무념무상에 빠진다. 일체의 사심을 비워낸 허허로운 상태. 모든 잡념들이 사라진 빈 공간을 경험하게 되는데 그것이야말로 침묵기도가 지향하는 상태와 동일하다.

성숙한 영성을 가지려면 반드시 강한 육체의 훈련이 필요함을 깨닫는다. 중세의 수도사들이나 종교개혁자 마르틴 루터 역시 육체를 단련하기 위해 고문에 가까운 노동을 자처하지 않았던가.

예수 그리스도의 십자가는 추상이나 이데올로기가 아니다. 현재 기독교는 예수 그리스도의 고통을 지나치게 문자화하고 지식화한 탓에 진정성을 의심받고 있다. 예수는 수십 번 쓰러지면서도 그 무거운 십자가를 홀로 메고 골고다 언덕의 십자가를 향해 걷지 않았는가. 비난과 조롱을 받으며 그는 피땀으로 범벅이 된 자신의 육체를 끌고 걸었다.

늘 염두에 두고 있었지만 앞으로도 규칙적인 육체노동에 시간을 분배하리라. 지속적으로 노동 현장에서 일해보리라. 수일 동안 한낮 땡볕에 예배당 지붕 돌기와를 직접 올리면서 마음을 다잡아본다.

안골 예배당, 문명을 거스르다

보면 볼수록 한심하기 짝이 없다. 이 코딱지만 한 예배당을 지으려고 이렇게 많은 시간과 돈, 인력을 투자하다니⋯ 일을 시작할 때 문 사장님 이하 다들 미쳤다고 했을 때부터 알아봐야 했다.

28평이란 작은 공간에 이층을 올리지도 않고 그렇다고 조립식처럼 단시간에 짓지도 않고 그렇다고 가격이 저렴하지도 않다. 소위 속도와 효율을 최고의 가치로 여기는 현대 문명의 잣대에 정면으로 위배되는 건물이다. 조립식 건물은 한 달이면 끝나고, 빨간 벽돌로 지어도 두 달이면 끝날 평수를 가지고 석 달이 넘게 끌고 있다.

일하는 사람들도 남들 같으면 차라리 돈 안 받고 안 하다는 일에 지극정성을 들인다. 그리고 사람 손 가는 일은 왜 그렇게 많은지 정말 일이 끝도 없다. 이번주 주말에는 부엌에 타일을 붙일 예정인데 그냥 붙이면 재미없다고 그걸 일일이 깨서 모자이크처럼 붙이겠단다. 문 사장님은 나를 향해 미소를 날리며 "사모님, 보조하셔야죠?" 한다. 어이구, 팔 다리가 돌아갈라나⋯

한국형 교회 건축에 일조를 한다느니, 친환경적이라느니, 자연친화적이라느니, 붙일 수 있는 수식어는 많을지 몰라도 분명한 것은 안골 예배당이 빠른 속도와 대량생산, 획일화와 대중화 같은 지금의 세태를 거부하는 이들이 만들어내는, 일종의 반란 같은 건축물이라는 점이다.

모든 일에는 순서가 있다

"너희는 먼저 그의 나라와 그의 의를 구하라"

이 말씀 속에서 가장 중요한 한 단어를 찾으라고 한다면, 바로 부사 '먼저'이다. 순서가 바로 되지 않은 우리네 인생은 마치 얽힌 실타래 같다.

안골 이전의 삶이 그랬다. 심하게 엉켜서 도대체 어디서부터 풀어야 할지 감을 잡을 수 없었다. 힘들어 죽을 지경이었다. 늘 열심히 사는 것 같은데 삶은 점점 더 무거워만 갔다.

무엇이 잘못되었는지를 생각하기 시작했다. 끊임없이 내 주변을 맴돌던 이 말씀이 이제 구체적으로 도전이 되기 시작했을 때, 삶에 접근하는 나의 방법이 잘못되었음을 알았다. 순서가 잘못된 삶… 늘 하나님이 먼저가 아니라 내가 먼저였다.

내가 그 순서를 바꾸려 하자 주변에서는 나를 보고 미쳤다고 했다. 다행히도 그들의 비웃음보다 그 말씀을 믿고자 하는 나의 절실함이 더 강했다. 아… 생각만 해도 너무 감사한 일이다. 나의 삶에 아무런 결정력도 없는 인간 군상들의 입방아를 두려워하여 그 순간 멈칫했다면, 내 인생은 어떻게 되었을까.

순서가 바로 되자 얽힌 실타래가 풀리기 시작했다. 곳간에는 쌀 떨어질 날이 없었고, 생각하는 모든 것은 현실이 되었다. 날마다 기적과도 같은 일이 반복되었다.

지금 안골은 내게 생수가 흐르는 강과 같다. 쉴 만한 물가요 푸른 초장이다. 여기서는 늘 창조적 영감으로 충만하다. 내게 넘치는 것으로 주변을 돌아볼 수 있는 여력이 생겼다. 먼저 해야 할 일이 있다. 예수를 구주로 믿는 사람들에게는.

기적은 2천년 전에만 있었던 것이 아니라 날마다 우리 삶 구석구석에서 그 힘을 발휘하고 있다. 그러나 지금 기적이 일어나지 않는 까닭은 아무도 이 삶의 순서에 대해 궁금해하거나 관심이 없기 때문이다.

성도님을 떠나보내며
공동식사의 중요성을 되새기다

지난여름 아현중앙교회*가 주관한 봉헌예배 후 안골교회의 초대 성도이신 박화양 성도님이 폐암 말기로 돌아가셨다. 1년여 전 교회로 발걸음을 옮기기 시작하면서 비가 오나 눈이 오나 아픈 다리를 지팡이에 의지하신 채 매주 한 번도 빠지지 않으시던 분이었다. 친정부모님이 근처 시왕리로 이사하시면서 자연스럽게 시작된 공동식사 덕에 성도님은 좀더 빨리 교회에 적응하실 수

---

* 안골예배당은 서울 아현중앙교회 창립 50주년 기념 예배당으로 봉헌되었다. 예배당 완공부터 지금까지 예배당과 주변 보수공사에 늘 도움을 아끼지 않으신 아현중앙교회 이선균 목사님과 모든 성도님들께 깊이 감사드린다.

있었던 것 같다.

박화양 성도님이 아주머니를 전도하시고, 한글 공부를 통해 또다른 아주머니가 전도되고, 얼마 지나자 정영규 아저씨가 자발적으로 나오시고 해서 조금씩 성도가 늘더니, 몇 달 전부터 친정엄마의 친구 내외분이 천안에서부터 매주 오셔서 예배를 같이 드리면서 식구가 12명으로 늘어났다. 4년 동안 남편과 나, 단둘이 예배를 드렸던 때를 생각하면 참으로 감개무량하다.

이제 추수가 끝나면 교회에 나오시겠다는 분이 여럿 계시니 겨울에는 예배당 안이 좀더 풍성해지겠다 싶다. 예수에 '예' 자도 모르던 분들이 교회에 나오면서 아직 한글도 잘 모르고(여전히 대부분의 성도님이 그렇다), 더더구나 성경은 아예 모르는데 어떻게 기도 때마다 아멘 소리가 점점 커지고, 예배 시간이 되면 밭에서 호미를 내던지고 달려오실까 궁금했는데… 그것은 공동 식사 시간을 통해 보여준 다함이 없는 정성과 헌신 때문이라고 생각한다. 그들이 하나님의 사랑을 '징하게' 느낄 수 있는 시간은 바로 그 시간이다. 친정엄마가 정성스레 준비한 음식들을 그저 아낌없이 값없이 제공하는 횟수가 늘면 늘수록 공동체로서의 결속이 굳어짐을 느낀다. 밥을 맛있게 나눠먹고 차를 마시며 그동안 외롭고 힘들었던 심신을 달래고 속상했던 것, 즐거웠던 것들을 나누며 위로를 받는다. 그러더니 언젠가부터는 성도님들이 쌀도 가져오시고 과일도 가져오시며 자신의 소유물을 조금씩 기쁜 마음으로 나누기 시작했다. 이것이야말로 초대교회의 아름다운 나눔의 풍경이 아니던가…

박화양 성도님은 안골교회 최초의 세례 교인이시다. 안골교회는 그분이 돌아가시기 사흘 전 병실에서 세례식을 거행했다. 숨쉬기도 벅찬 상태였지만 성도님은 온 힘을 다해 아멘을 거듭했다. 임종의 순간을 지켜본 큰아드님은 오히려 호흡도 가쁘지 않고 잠을 자듯 그 얼굴에 평안이 가득한 채 돌아가셨다고 전했다.

우리는 박화양 성도님이 성전을 건축하는 내내 마을회관 앞에 앉아 모든 과정을 지켜보신 것을 기억한다. 그렇게 기다리셨는데 새 예배당에서 예배를 서너 번밖에 드리지 못했다. 이렇게 빨리 돌아가실 줄이야…

그러나 박화양 성도님은 자신의 장례로 그리스도의 향기를 자신의 자손들과 안골마을 곳곳에 뿌리고 가셨다. 그분의 장례식은 안골마을 최초의 기독교장이었기 때문이다. 교회를 다니지 않던 큰아드님도 박화양 성도님의 임종과 장례를 통해 깊이 감동을 받았다 하고, 이번 추석에는 신학대학 다니는 고인의 외손자의 집례로 추도예배를 드렸다는 소식도 전해져왔다.

박화양 성도님(76세)의 빈자리는 불과 한 달도 채 되지 않아 바로 채워졌다. 양승분 할머니, 올해 78세 되셨다. 78세 되신 분도 전도가 가능하다니, 내겐 기적처럼 느껴지는 사건이었다.

어린아이처럼 된다는 것

요즘 화를 낼 때 또는 짜증이 나는 상황에서의 나를 자세히 관찰해보았다. 그 결과 원인 제공자가 나와 아무런 상관없는 사람일 경우에는 감정의 동선이 그다지 길지 않았다. 그러나 오히려 부모나 형제, 남편 등 가장 가까운 사람과의 관계에서 일어난 분노나 화의 감정은 적지 않은 기간 동안 내 마음의 평정 상태를 깨뜨렸다.

또한 이 긴 감정의 동선이 그저 감정에만 국한되지 않음도 발견했다. 어떤 일에 몰두하기 시작하면 너무 깊게 빠져버리는 경향이 있는데 때때로 지나치게 또는 길게 신경을 씀으로 오히려 상황을 좋지 않게 만드는 것을 알면서도 그것에 대해 진지하게 돌아보지 않았던 것이다.

그동안 나의 얼굴을 일그러지게 만들었던 것은 이 길고 긴 감정의 동선이었음을 조용히 앉아서 목도하는 순간, 어린아이와 같이 되지 않으면 천국에 들어갈 수 없다는 성경말씀에서 불현듯 '어린아이와 같이 된다'는 것은 결국 감정의 동선을 지극히 짧게 하라는 말씀으로 이해되기 시작했다.

채원이를 보면 자신의 감정에 충실하되 그것이 절대 길지 않다. 짧게는 몇 초, 길게는 몇 분이다. 지금 막 울다가도 눈에 눈물이 그렁그렁한 상태에서 다시 웃는다. 어른인 나는 이러한 단순성을 완전히 망각하고 나로 하여금 울게 만드는 그 무엇에 대해 원망하느라 하루해를 넘겨버린다. 아, 참으로 내가 이것에 집중해야겠구나, 감정의 동선을 짧게 자르는 것.

그동안 내가 저지른 잘못은 내 감정을 지나치게 합리화시키고 절대화했다는 것이다. 그것은 나의 감정을 우상화시킨 것일 수도 있다. 감정의 동선이 길다는 것은 이러한 것을 의미한다.

조엘 오스틴 목사는 자신의 설교에서 기독교인들은 감정에 있어서 항상성과 견고성을 가질 수 있어야 한다고 말한다.

항상 기뻐하라. 여기서의 키포인트는 부사 '항상'이다. (성서에 있어서 부사의 역할은 거의 절대적이다.) 감정의 기복이 심하다는 것은 주변 사람들에게 커다란 해를 끼치는 행위라는 거다. 그러면서 적어도 가족에게서 이런 말을 듣지 않는 사람으로 살라고 한다.

"지금 네 엄마가 화가 많이 났으니 조심해야 한다."

남편과 살면서 내가 오히려 화가 더 났던 순간은 싸우고 나서 얼마 되지 않아 언제 그랬냐는 듯 태연하게 말을 걸어올 때였다. 그 기분 나쁨을 며칠이고 질질 끄는 것은 언제나 나였으므로 지금 생각해보면 난 늘 손해날 장사만 하고 있던 셈이다. 남편이 가진 유전자적 단순성이야말로 목회자적 심성으로는 매우 적합함을 이제야 알겠다.

지적 장애를 가진 사람들 중에 늘 웃는 이들이 있다. 그들은 늘 입을 벌리고 크게 웃는다. 세상 사람들은 그들을 바보라 부르지만 막상 그들과 오랜 시간을 보낸 자원봉사자나 이웃들은 오히려 그들의 맑고 깨끗한 심성과 웃음에 오히려 자신의 마음이 온유해짐을 느낀다고 고백한다.

아, 참바보가 되어야겠다.

지식을 더하면 근심이 더하나니⋯ 전도서 기자는 정말 지혜롭다. 많이 배운 것이 오히려 우리를 지혜롭지 못하게 하고, 우리를 더 많은 근심과 고민으로 밤잠 설치게 하고, 많은 경우의 수를 헤아리게 하고, 그럼으로 우리의 얼굴에서 기쁨을 앗아가는구나.

아, 참바보가 되어야겠다.

봉헌예배 에피소드

봉헌예배 때 남편은 충청연회로부터 예배당 건축의 공로를 인정받아 감사패를 받았다. 감사패를 받고 난 뒤 남편은 이렇게 말했다.

"저는 한 일이 하나도 없습니다. 주방을 헌신적으로 맡아주신 장모님, 집 짓는 모든 과정에서 빠짐없이 일하신 장인어른, 그리고 마누라 자랑하면 팔불출이라지만 지붕 위에서 돌기와를 올리고 부엌에서 타일을 붙인 김진희 사모가 이 감사패를 받아 마땅합니다."

이어 감리사님이 마이크를 잡았다.

"안 그래도 안골 사모님이 지붕 위에 올라가서 일하신다는 소식을 듣고 저와 많은 목사님들이 가슴 아파했습니다."

그러시더니 갑자기 말을 잇지 못하신다. 마음이 울컥하신 모양이다. 결국 강대상에서 눈물을 보이신다.

한참 동안 말씀을 하지 못하시고 흐느끼시더니 감정을 추스르시며 말씀하신다.

"저는 여선교회에 사모님께 감사패를 드리자고 말씀드렸는데 오늘 준비가 미흡해 미처 만들어 오지 못했습니다. 추후에 기회를 만들어 사모님께 감사패를 드리려고 합니다."

감리사님의 갑작스런 눈물에 모든 참석자들이 숙연해졌고 간간이 훌쩍이는 소리까지 들린다. 정작 당사자인 나는 당황스럽다. 그들의 마음 아픔의 대상이 바로 나라는 것이 실감나질 않는다. 나는 돌기와를 올리면서 얼마나 행복했던가. 육체노동에 대한 새로운 깨달음을 얻었고, 무념무상의 지경에 빠져들면서 오히려 관상기도의 효과를 체험하지 않았던가.

그저 내가 몸이 불편한 남편 대신 지붕에 올라갔다고 생각하는 것은 사실 오해다. 왜냐하면 나는 남편이 몸이 불편하지 않더라도 자진해서 올라갔을 것이기 때문이다. 어찌 되었건 감리사님의 따뜻한 배려가 고마워 예배 후 감사패는 무슨 감사패냐며 그냥 조용히 안아드렸다.

내겐 평생의 짝꿍이 있다. 나이가 들어가면서 남편이 있다는 게 이렇게 감사할 수가 없다. 그가 있어 외롭지 않은 삶을 살 수 있는 게 얼마나 큰 축복인지… 이를 통해 하나님의 창조 섭리를 깨닫는다. 아담이 혼자 있는 것이 외로워 보여 하와를 만드신 하나님의 깊은 배려.

그러고보니 마르틴 루터가 수도원을 박차고 나와 수녀를 아내로 맞이한 일마저 못내 반갑다. 비록 가톨릭으로부터는 난봉꾼이란 욕을 먹을지언정…

나는 희원이에게 가급적 결혼할 것을 아직 어리지만 기회가 있을 때마다 권유한다. 결혼이라는 통과의례적 절차를 통해 우리는 비로소 독립한 자신이 최초로 선택한 공동체를 맞이하게 되며 그 공동체의 주체로서 책임을 배운다. 또한 출산이라는 기적과 같은 사건을 통해 참된 생명의 고귀함을 깨닫고 어렵지만 부모라는 막중한 역할을 잘 감당하려는 노력으로 우리는 우리의 부모 되신 하나님의 깊은 뜻을 진정으로 이해할 수 있는 지경에 이른다.

내 부모보다 나를 잘 아는 사람. 늘 내 편이 되어주는 사람. 출출한 밤 같이 라면을 먹어주는 사람. 꽁꽁 언 손을 자기 주머니에 넣어 녹여주는 사람.

그런 사람은 일생에 한 명으로 족하다.

시골에 사는 맛을 200% 느낄 수 있는 때가 바로 김장철이다. 모든 것이 너무도 풍족하다. 김장에 관련된 모든 재료를 현지에서 바로 조달 가능하다는 사실은 감동적이기까지 하다.

교회에서 김장을 한다니까 동네 아저씨께서 자신의 밭에 있는 배추를 직접 뽑아 경운기로 올려다주셨다. 다들 김장이 끝나고 밭을 갈고 있는데 교회 김장 기다리느라 그 아저씨 밭에만 파란 배추가 있었던 것을 미처 몰랐다. 열심히 집안 청소하다 마당에 나가보니 싱싱하게 물오른 배추가 켜켜이 쌓여 있는 것이 아닌가… 가슴 뭉클한 순간이었다.

그뿐 아니다. 김장하기 하루 전부터 혼자 사시는 할머니가 갓을 가져가라고 성화셨다. 저녁에 전화하는 것도 모자라 아침 일찍 또 전화하셨다. "혹시 내가 누군 줄 모를까봐…" 아침에 갓을 뽑으러 가니 손수 다 잘라놓으셔서 들고 가기만 하면 되게 해놓으셨다. 너무나 싱싱하고 잘 자란 갓이었다. 누굴 주고 싶은데 가만히 생각해보니 우리 생각이 나더란다. 할머니는 언젠가 직접 현관문을 두드리며 밤을 한 봉지 놓고 가시기도 했다.

다른 아저씨네 집은 자기네 무가 대한민국에서 최고로 맛있는 종자라며 무를 네 자루나 주시고, 여기저기서 찹쌀이며 서리태콩을 담아주시고, 안골교회 성도님들은 자신들의 김장 김치를 한 통씩 갖다주셨다.

김장한다고 소문도 내지 않았는데 동네 아주머니들이 어떻게 아시고 고무장갑에 수건을 머리에 두르고 너도나도 올라오신다. 덕분에 100포기가 넘는 김장을 손쉽게 끝낼 수 있었을 뿐 아니라, 김장에 있어서는 프로이신 그분들의 점령 탓(?)에 나는 배추에 속 한번 넣어보지 못하고 김장을 마쳐야 했다.

"나중에 우리 늙걸랑 다 해줘야 혀."

"그럼요, 제가 집집마다 김장 다 해드릴게요."

"김장만이 아니여, 다른 일도 다 해줘야 하는디?"

안골에서 앞으로 10년만 지나면 다 내가 모실 노인들만 가득할 판이다. 친정엄마가 언젠가 그러셨다. "얘, 너 그분들을 다 어떻게 섬길래?" 그래도 부담이 되거나 마음이 불편하지 않다. 웬지 그분들을 어머니처럼 잘 모실 수 있을 것 같은 좋은 예감이 드는 것이다.

마을 분들을 위해 소불고기를 굽고 고등어조림을 준비했다. 풍성한 식탁에 둘러앉아 뜨끈한 된장국에 김치 속을 절인 배추에 싸먹으니 세상 부러울 것이 없다. 김장을 담그며 우리는 천국을 맛보았다.

집을 지으면서 참으로 많은 것을 배웠다. 그중 가장 큰 수확은 내가 이용할 수 있는 무수한 질료들을 발견한 것이다.

돌기와를 올리고 타일 모자이크를 하면서 새로운 공간을 이용하고 창출할 수 있는 재료들을 어떻게 다루는지 알게 되었다. 또한 톨페인팅을 통해서 아크릴 물감으로 얼마나 많은 낡은 것들을 새롭게 재활용할 수 있는지도 배웠다. 그리고 그동안 독학으로 틈틈이 디자인이나 색채에 관심을 가져왔던 습관들도 유용한 도움이 되었다.

이제 현관 벽이나 낡은 방문을 내 손으로 직접 리모델링할 수 있다. 내 꿈 중 하나는 위대한 건축가 가우디처럼 건물 전체를 타일 모자이크로 디자인하는 것이 되었다. 작은 창고라도 말이다.

시멘트를 다룰 줄 안다면 돌을 모아 돌탑을 쌓을 수 있고 벽돌이나 나무로 원하는 무언가를 만들 수도 있다. 집 안팎은 언제든지 자신이 만든 창조적인 조형물로 그득할 수 있다.

오늘 강원도에서 공수해온 백탄을 가습기 대용(백탄에 물을 부어 쓰면 된다)으로 쓸 작정인데 어떻게 방 안에 배치하면 좋을까를 연구하다가 낡고 큰 플라스틱 화분에 아크릴 물감을 칠하면 아주 멋진 소품이 연출될 것이라 상상하니 마음이 들뜬다.

그러한 작업들은 상상하는 것만으로도 가슴이 벅차다.

채원이,
어린이집에 보내는 것을 포기하다

동네에 또래집단이 하나도 없는 탓에 채원이를 어린이집에 보내기 시작했지만, 하루 종일 시멘트 건물 안에 갇혀 먼지구덩이 속을 뒹굴며 감기를 달고 사는 아이를 보며 마음이 내내 편치 않았다. 보내지 않고 싶은 마음이 굴뚝같았지만 작년(2006) 한해 예배당 건축 때문에 다른 것에 신경쓸 여유가 없었다. 채원이는 점점 더 마르기 시작했고 밥도 잘 먹지 않았다.

재작년 채원이가 호미를 들고 안골 마당을 누비며 신나게 뛰어다니던 모습을 떠올렸다. 고양이와 개를 친구삼아 뙤약볕 아래서 얼굴을 검게 그을리며 산과 들을 누빌 때는 지금처럼 감기를 달고 살지 않았다.

나는 심호흡을 한번 하고 마음을 다져 먹었다. 그래, 어린이집에 보내지 않는 거야…. 그리고 채원이에게 부족한 엄마였던 지난날을 반성했다. 늘 책 좀 읽어달라고 따라다니는 아이를 피해 다닌 것, 읽어줘도 두 권을 넘기지 못한 것, 나 편하자고 비디오나 TV(물론 어린이 프로지만)를 틀어준 것, 매사에 기억력이 출중하고 차분하며 모든 것에 흥미를 지닌 아이를 무기력하고 예민하며 감기에 시달리는 아이로 만들어버린 중한 책임이 어미에게 있었음을 부인할 수 없다.

아, 이 게으른 천성이 쉽게 바뀔 수 있을까? 그동안 바빴다는 식의 핑계는 이제 하고 싶지 않다. 어린이집에 보내지 않는 대신 나는 채원이를 위한 식단을 짜고, 어떻게 하면 집에서도 다양하고 창조적인 생활을 할 수 있을까를 연구 중이다.

채원이는 지금 내 옆에서 열심히 그림을 그리고 있다. 왼손잡이인 채원이는 매우 꼼꼼하게 내가 그려준 밑그림에 색칠을 하고 있다. 여전히 코를 흘리며 코맹맹이 소리를 하는 채원이의 허한 몸이 회복되려면 적어도 보름에서 한 달 이상 걸릴 것이다.

다음주부터는 채원이와 규칙적으로 운동을 하려고 한다. 저수지를 산책하며 좋은 공기를 마음껏 마시게 하고 따뜻한 햇살을 온몸으로 느끼게 해주리라…

채원이는 다시 호미를 들고 할머니와 같이 냉이와 쑥을 캐겠지… 얼굴이 까매져도 괜찮아, 내 딸이 다시금 땅의 기운을 덧입어 생기를 회복할 수 있다면…

채원이를 다시 자연의 품으로 돌려보내는 일. 그것이 어미된 나의 의무가 아닐까 생각한다.

틈틈이 읽는 책에 많은 영감을 받을 때가 있다. 밤을 까면서 나는 왜 그 책을 집어들었을까?

피에르 신부의 『단순한 기쁨』. 그냥 아무 페이지나 넘겼다. 거기에 이런 말이 나온다.

"그리고 내가 아는 건 삶이 자유에 바쳐진 시간이라는 사실입니다. 그 자유를 통해 우리는 영원한 사랑이신 하나님과의 만남을 위해 사랑하는 법을 배울 수가 있지요."

지난주 감신대 학보사 창간 30주년 기념행사의 일환으로 학보사 모든 동문들과 대학로에 가서 「염쟁이 유씨」라는 연극을 보았다. 해마다 한차례씩 성도님들의 장례를 치르고 있는 나는 평생 염을 해온 염쟁이 유씨의 독백으로 시작되는, 2년 동안 절찬리에 공연되고 있다는 그 모노드라마를 열심히 그리고 인상 깊게 보았다. 결국 자신의 생에서 마지막으로 하는 염이 자신의 아들의 시체임을 관객들에게 눈물로 알리면서 그는 이렇게 외친다.

"삶이란 정성을 들이는 일이지요."

나도 모르게 고개를 끄덕였다. 맞아. 안골에 정착하면서 나 역시 그것을 깨달았다. 삶이란 정성을 들이는 행위라는 걸. 그리고 자유의 몸짓이라는 걸. 그대에게 있어 삶이란 무엇인가.

하늘은 좋은 선생님입니다

희원이 학기말 고사 마지막 날 학교 가는 길, 해는 온 하늘을 황금빛으로 물들이며 자신의 존재를 화려하게 드러낸다.

아침해는 그저 자신의 빛을 발했을 뿐인데 하늘은 온통 그라데이션 효과를 내며 인간은 감히 흉내낼 수도 없는 채색으로 우리의 마음을 온통 설레게 한다. 단순해지고 허허로워진 겨울 들판은 하늘을 돋보이게 하는 데 한몫 거든다. 도시처럼 하늘을 미처 보기도 전에 우리의 눈을 유혹하는 보암직하고 먹음직한 것들이 여기엔 없다. 그래서 우리는 하늘을 온 마음으로 볼 수 있다. 하늘은 최고의 미술 선생님이다. 이렇게 다양한 색깔을 누가 가르쳐줄 수 있을까.

돌아오는 길, 그런 생각이 들었다. 안골에 살기 시작하면서 하늘이야말로 우리가 세상에서 감상할 수 있는 최고의 작품이며 아름다운 캔버스임을. 우리의 대화엔 하늘이 주요한 화제 중 하나다.

"야!! 오늘 하늘은 그야말로 엽서다."

"오늘은 하늘이 겨울 풍광과 어울리지 않게 화려하네."

희원이는 종종 카메라에 하늘을 담는다. 사계절이 지나가면서 출몰하는 구름의 모양도 가지가지다. 그것을 감상하는 재미가 얼마나 쏠쏠한지…

중학교에 올라가서도 여전히 여러 백일장에서 시 부문 최고의

상을 타오는 희원이를 봐도, 어린 채원이가 벌써부터 미술에 천부적인 재능을 보이는 것도, 세상 어디에도 없는 최고의 선생님을 어려서부터 둔 까닭이 아닌가 하는 생각이 든다.

아기 예수를 또다시 마음에 품으며

2007년이 간다.

나의 기도제목은 여전히 변함없다.

주여, 말씀하소서. 제가 듣겠나이다.

나의 마음을 비우는 기도가 내년에도 계속될 것이다.

주저리주저리 무엇을 해달라고 부탁하지 않는다.

신의 음성은 너무나 미세하고 나의 자아는 여전히 강하다.

'죽어야 산다'는 말이 언제까지 내 삶의 화두로 남을 것인가.

안골에 정착한 지 7년째.

뭐가 보이냐? 나는 내게 묻는다.

아니, 아직 안개처럼 뿌옇기만 한 걸.

넌 잘 걸어가고 있는 거니?

글쎄, 때때로 헛짓을 할 때도 있어.

그래도 분명한 건

계속 천천히 걸어갈 거라는 사실.

아… 그러고보니 분명한 게 한 가지는 있구나.

3부

자연의 삶

2008-2010

우리가 걷는 길이 주님께서 기뻐하시는 길이면,

우리의 발걸음을 주님께서 지켜주시고,

어쩌다 비틀거려도

주님께서 우리의 손을 잡아주시니,

넘어지지 않는다.

—시편 37:23~24

내겐 3월이 새해다

내게 있어 한해의 시작은 3월이다. 1, 2월은 워밍업이란 생각
조차 들지 않는 달들이다.

읍내에 나가면서 채원이에게 물었다.

"채원아, 지금 무슨 계절이게?"

"겨울."

"아닌데."

"봄, 여름, 가을 중 뭘까?"

"가을."

"윽, 땡… 그럼 봄, 여름 중 뭘까요?"

"여름."

"으윽…. 아닌데?"

"그럼 봄."

그 녀석… 고 입에서 봄 소리 듣기 참 어렵다.

"근데 엄마, 나무들 좀 봐… 아직도 겨울이잖아."

그래… 맞다.

네 엄마는 뭘 보고 봄이라고 하는 거냐. 세상은 아직도 온통 헐 벗은 나무뿐이건만.

"채원아, 바람이 따뜻해졌잖아. 조금만 더 있으면 파란 잎이 나 올 거야."

아직도 여전히 허허벌판에 메마른 나뭇가지들을 무심히 보고 있노라면 저것들이 언제 푸르른 적이 있었던가, 도대체 저 가지 에서 푸릇푸릇한 것이 나오기는 할 건가, 그런 생각들이 든다. 그 것도 갑자기. 뜬금없다.

작년 겨울이 내겐 좀 추웠나? 아님 길었나? 점점 봄이 시큰둥 해지는 듯싶었는데 세상이 또다시 푸르러지는 4월과 5월이 되면 나는 전보다는 다른 눈, 다른 태도로 대할 것 같은 느낌이다.

글을 써보려 한다.

전에도 얘기했지만 글을 쓰는 작업은 성스러운 것이다.

자기반성과 자기정화의 기능이 있다.

비틀거리거나 혼미한 상태에 빠지지 않기 위해 글을 써야겠다.

무엇을 규칙적으로 하기 위해,

무언가 질서 지워야 할 것들을 위해,

무언가 추억하기 위해,

무언가 꿈꾸기 위해,

무언가 만나기 위해,

그리하여야겠다.

누군가를 돕는다는 것

참 우스운 말이라는 생각이 든다. 누가 누구를 진정으로 도울 수 있는가. 오히려 이 생각 자체를 버리면 무엇에든 도움이 될 거다. 내가 누군가에게 힘이 되고 싶거나 진정으로 도움이 되고 싶다면, 그 순간부터 나는 없어야 한다.

이러한 깊은 무심의 경지를 향한 성찰이나 수련 없이 우리는 돼먹지도 않은 우월감에 사로잡혀 내가 누구를 도울 수 있다고 착각한다. 내게 잉여되는 에너지, 물질, 시간을 어떤 대상에게 나누려 할 때 사심이나 기대를 버려야 한다. 선한 기대일지라도 말이다. 누구를 돕겠다고 하면서 정작 도우려는 존재나 대상을 있는 그대로 받아들이지 않고 자신의 의도대로 되지 않는다고 오히려 타박하는 말도 안 되는 상황을 최근 목도하고 나서 더더욱 이 화두에 예민해진다.

존재를 있는 그대로 받아들인다는 것은 무엇인가. 먼저 모든 판단과 선입견을 배제하는 것이다. 내 마음에 들든 들지 않든 내가 그동안 나의 삶 속에서 축적해온 모든 정보를 상대방 앞에서는 내려놓는 것이다. 그러고는 상대방을 천천히 관찰한다. 평가를 유보한 채.

여기에는 지난한 인내심과 하늘의 도움이 필요하다. 상대방에 대해서가 아니라 나 자신에 대한… 늘 그래왔듯 섣부른 판단과 평가를 내리려는 악습의 기제를 숨죽이기 위해.

나의 안경을 벗지 않고서 바로 볼 수 없다.

늘 내 것이라 명명하는 것으로 온몸과 마음을 채우고 있으면 고통 속에 신음하는 강도 만난 사람을 제사장이나 레위인처럼 언제든 그냥 지나칠 수 있다.

선한 사마리아인이 참으로 선했던 것은 몸부림치는 사람의 고통을 그 순간 자신의 것으로 받아들인 것이다. 그 아픔의 정점이 그의 마음을 점령하면서 그는 자신의 모든 것을 잊었고 내려놓았다. 오직 그 사람을 살리기 위한 마음만이 그를 움직일 뿐이었다.

진정으로 누구를 돕는다는 것은 이런 것이다. 이런 마음 없이 너무나 쉽게 누구를 도울 수 있다고 말하지 말자. 나중엔 다음과 같은 말을 들을 수 있다. 누가 도와달랬어?

마당이 주는 카타르시스

한식날 친지들과 논산에 있는 조상의 묘를 찾고 돌아오는 길에 연산 사거리에서 야생화와 튤립, 그리고 화훼용 양귀비꽃을 샀다. 작년에 심어놓은 꽃잔디들이 어찌나 탐스럽게 날이면 날마다 기세를 뻗치는지 아주 보기만 해도 마음이 흐뭇하다.

아침부터 벌여놓은 일거리. 화분들을 하나씩 정리하기 시작했다. 꽃과 나무를 심고 가꿀 수 있는 마당이 있다는 것이 얼마나 큰 축복인지. 고대광실이 부러울쏘냐. 얼굴에 흙을 묻혀가며 일하는 동안 해가 따가워진다. 부드럽고 따뜻한 바람과 나. 침묵이 있을 뿐… 그러면서 나 혼자 살아도 마당이 있으면 외롭지 않겠구나, 하는 생각이 스쳐지나간다.

낡은 플라스틱 의자들과 녹이 슨 모터를 덮은 무쇠 철판 등을 젯소로 칠하여 색깔을 입힐 생각에 마음이 설렌다. 작년부터 생각만 있었지 미루어놓았던 일들. 이달 정성껏 마무리하련다. 기를 잘 모아 창조적인 작품을 만들어야겠다.

수요일 저녁, 일흔을 향해 가시는 성도님들과 한글을 공부한다. 한해 건너 올 1월 둘째 주부터 다시 시작.

기역, 니은, 디귿을 넘어 이제는 성경을 천천히 읽으며 그렇게 그들은 문맹을 벗어나고 있다.

읽는 법과 쓰는 법이 다르다는 것을 알고 그 다름을 익히려 애쓰는 모습 속에서 나는 여전히 가슴 뭉클한 순간들을 마주한다.

한 분은 떠듬떠듬… 최근까지 안 한다고 버티다가 지난주부터 다시 시작하셨고, 한 분은 1월부터 꾸준히 한 덕으로 줄줄 덜거덕 줄줄… 그렇게 성경을 읽으신다.

걸진 추임새는 여전하시다.

"그렇게 봤는데도 워째 이렇게 틀린다…"

"어이구, 다 늙어서 죽을 날 바라보믄서 공부한다고, 새빠닥이 돌아가지도 않는 걸."

그래도 스탠바이 하고 시작하면 너무나 열심이시다. 한주 한주가 다르다. 그 다름이 놀랍고 감사하고, 내겐 홍해의 기적만큼이나 크게 느껴진다.

"사모님이 조금 더 일찍 안골에 들어오셨으면 얼마나 좋았을까…" 그러신다.

"그러게요. 조금 일찍 들어올걸 그랬죠… 제가."

올 가을엔 절에 다닌다고 한글 공부를 거부하셨던 마을 아주머니께서 글만 가르쳐주신다면 그 은혜는 평생 잊지 않겠다며 추수 후부터 공부를 시작하기로 하셨다. 물론 내가 그 집에 방문해서 가르치는 조건으로 말이다.

달라진 것이 있다면 나의 생각이다. 우리 마을 아낙들에게 있어 구원이란 한글을 깨치는 것이다. 그들을 향한 구원 사역을 위해 나는 그들을 찾아다니기로 마음먹었다. 불러만주신다면 몇 킬로 밖이라도 찾아갈 작정이다. 그것이 하나님께서 내게 허락하신 중차대한 사명임을 느낀다.

수요일 저녁마다 속에서 뜨거운 무엇인가가 치밀어 오른다. 돋보기를 쓰고 성경 속에 파묻힌 그들의 모습을 볼 때마다 눈가가 촉촉해진다. 참으로 행복하고 아름다운 시간이다.

마을 아저씨가 내게 화를 내는 이유

옆집 아저씨 큰아들이 오늘 장가를 갔다. 결혼식이 끝나고 마을 사람들이 그 집에 다 모여 식사를 하는데 마을 아저씨가 술이 거나하게 취해 나를 부르신다.

"여어, 사모님… 여기 좀 앉으슈. 내가 지난번에도 경고를 했는데 말이여…" 말씀의 시작이 심상치 않다.

"난 말이여, 이렇게 술 먹고 혀 꼬부라진 소리를 혀도 밤낮으로 이 무봉리가 어떻커면 발전할 수 있을지를 고민한단 말여. 사모님은 배운 사람 아녀, 왜 많이 배운 사람이 가만히 있냐 말여… 이 동네 사람들 아무것도 몰러. 내가 사모님 보러 이장 하라고 그랬지? 내가 죽기 전에 이 무봉리가 발전되는 걸 보고 죽어야 할 것 아녀? 내가 사모님 머리 꼭대기에 앉아 있응께. 내가 사모님 관상 보고 이러능거…"

피식 웃음이 나왔다. 그분은 내가 국회의원에 출마해야 한다고 생각하는 분이다. 30분 이상의 훈계가 이어졌다. 내게 실망했다, 자기 자식만 생각한다, 멀리 볼 줄 알아야 한다, 미래를 준비해야 한다, 이렇게 있다가는 여기 사람 다 굶어 죽게 생겼다, 이 마을을 이끌 수 있는 리더가 있어야 한다… 등등.

옆집 아저씨와 다른 아저씨들이 오히려 안절부절이다. 그런 얘길랑 다음에 조용한 자리에서 하시라는 둥 술 취해서 실수하면 어리석은 사람이라는 둥 그 아저씨의 입을 막기 위해 안간힘을 쓴다.

결국 내게 눈짓하며 다른 자리 가서 밥 먹으라고 권한다. 떠다밀리듯 그렇게 그 자리를 피하긴 했지만 가슴 한쪽이 저리다.

그 아저씨는 안골마을의 돈키호테 같은 분이다. 농촌의 열악한 현실을 고민하며 술로 끓인 속을 달래니 사람들은 별것 아니라 치부하지만 난 그분의 진심을 어렴풋이 알 것 같다. 그 마음을 이해하기에 큰 호통을 묵묵히 듣고 있다. 예수님도 이런 마음이

셨을까. 마을 사람들은 마을을 하루아침에 발전시킬 정치적 지도자를 찾고 있다. 나는 그것을 대행할 능력도 의지도 없다. 그러나 진정한 마을의 발전은 근본적으로 문맹에서 탈출하는 것이라 생각하고 있다. 눈에 보이지는 않지만 한 사람, 한 사람 글을 깨우치도록 돕는 것이 내가 할 일이라고 생각한다. 그러나 결정적으로 나 혼자 힘으로 이 높은 문맹의 벽을 낮추기는 버거운 게 사실이다. 나 혼자 감당해야 하기에 너무 속도가 느리다. 그러나 어쩔 것인가. 도울 수 있는 인력이 없는데… 아저씨께 내가 드린 말씀은 이것이다.

"제가 할 수 있는 만큼만 하며 갈 수밖에 없습니다."

몸이 불편한 남편, 아직도 손이 많이 가는 두 아이, 교회 청소 및 공동체 식사 준비, 피아노 가르치고 수시로 찾아오는 손님 맞는 일, 갖가지 경조사와 심방, 올해 새롭게 추가된 텃밭 가꾸고 화단 정리하는 일 등 지금도 몸이 열 개라도 모자랄 판인데 아저씨는 내 사정을 잘 모른다. 아니, 알더라도 무시하고 싶으신 거다.

아저씨, 저는 개발이니 발전이니 하는 단어 자체는 싫은데요, 아저씨 심정은 십분 이해할 것 같습니다. 평생 가난에서 헤어나지 못하고 살아오신 세월이 참 싫으셨죠?

무봉리에 선생이, 소위 배운 사람이 서울에서 내려왔으니 이제 우리 마을도 뭔가 변화가 좀 있겠구나 하셨는데 맨날 집에만 처박혀 얼굴도 잘 보이질 않으니, 그리고 부녀회장 하라 그래도 안 하고, 이장 맡아라 그래도 안 하고, 아주 제가 미워 죽겠지요.

제가 어떻게 하면 될까요? 아저씨, 이번 가을걷이 끝나면 아
주머니들에게 한글을 열심히 가르쳐드릴게요. 그러면 슬슬 변
화가 일어나지 않을까요? 조금만 더 지켜봐주세요. 술 좀 그만
드시고요.

나를 순화시키는 것

틈나는 대로 마당에 나가서
물을 주고 풀을 뽑는다.
고기를 먹는 것보다
땅을 어루만지는 편이
차라리 원기회복에
훨씬 유익하다.
물 먹은 흙에서 이제 막 고개를 내민
잡초들을 쏙쏙 빼내는 재미가 쏠쏠하다.
흙이 나를 순화시키고
나의 원기회복을 돕는다.
고맙다.

오랜 시간이 지난 후 생각이 바뀌는 찰나

결혼하고 나서 적지 않은 시간 동안 다른 사람의 장례식장에 가면 그렇게 친정엄마 생각에 눈물이 났다. 엄마가 돌아가실 때 그동안 내가 불효한 걸 돌이키며 아마 울다 실신할지도 모른다는 생각을 하면서…

결혼한 지 15년이 넘으니 이제는 남편 생각에 문득 문득 울컥한다. 남편이 죽으면 그동안 잘해주지 못한 것을 얼마나 후회하며 통곡할 것인가… 오늘 남편이 외출하면서 그런다.

"난 아주 당신 잔소리에 얼마나 스트레스를 받는가 몰라."

"참 나, 잔소리하는 사람이 죽었네, 죽었어. 내가 무슨 잔소리를 한다고 그래요? 세상에, 나처럼 대한민국에서 남편한테 잔소리 안 하는 사람 있으면 나와보라 그래."

"정작 잔소리할 건 안 하고 안 해야 할 잔소리만 하구."

"해야 할 잔소리는 대체 뭐유?"

"안 가르쳐줘… 김진희는 김진희 삶을 잘살고 있잖아… 그렇게 잘사시게나."

그러면서 한마디 덧붙인다.

"나한테 관심이나 있나 뭐… 애들만 열심히 챙기지."

아침부터 반찬 투정을 하길래 나도 빈정이 많이 상한 터였다. 그런데 화를 가라앉히려 화장실에 앉아 곰곰이 생각해보니 몸이 아픈 사람에게 좋은 음식만큼 명약이 없는 법인데 내가 너무 소홀했다 싶은 거다.

남편이 나가고 남편 침대를 정리하는데 이런저런 생각이 든다. 한집에서 남자가 해야 할 몫까지 다해야 하는 상황 때문에 나는 늘 남편을 나의 관심 속에서 제외시켜놓는 것이 습관화되지는 않았는지, 집안일은 좀 미루더라도 남편 몸에 유익한 음식과 반찬 등을 챙기는 것이 먼저가 아닌지, 남편도 내게 섭섭한 것이 많을 텐데 늘 지쳐 있는 아내를 위로하는 것도 쉽지 않은 일일 게다.

그러고보니 내가 남편에게 잘한 일이 별로 없다. 근데 남편에게 잘해야지 하는 생각은 항상 왜 작심 3초로 끝나는 걸까. 잘해야지 생각하다가도 별 거 아닌 일로 툴툴거리게 되고 남편을 금방 찬밥 신세로 몰아낸다.

문제라면 나의 인격에 있을 것이다. 좀더 넉넉하게 그 감정의 선 너머에 있는 깊은 내적 욕구에 귀를 기울여야 할 것인데… 좋지 않은 것들이 습관화되어 있다. 어디서부터 고쳐야 나중에 후회하지 않을는지…

미얀마 태풍으로 10만 명 사망, 중국 쓰촨 대지진으로 10만 명 사망 추정, 미국산 소고기 수입으로 2008년 한반도가 들썩거리고, 조류인플루엔자가 전국을 휩쓸고 있다. 미국은 제2차 세계대전 이후 최대 규모의 장기 불황이 예견되면서 달러가치 폭락. 더이상 미국의 집권자들이 해결할 수 없는 지경까지 이르렀단다.

이로 인한 소비 위축과 인플레이션이 전 세계적 문제로 대두되고, 곡물 대란이 예상되는 가운데 우리나라는 밀 수입국 1위 자리를 뺏길까봐 적당한 선에서 미국산 소고기 수입을 용인할 수밖에 없었다는 뒷얘기가 흉흉하게 나돈다.

곡물 자립도가 30%도 되지 않는 한반도 땅에서 유전자 변형된 수백만 톤의 옥수수가 최근 수입되어 우리의 식탁과 먹거리를 점령하고 있는 이때, 여전히 내가 할 수 있는 일이란 안골을 지키고 머물러 있는 것이다. 그 옛날 스피노자가 그랬던 것처럼 내일 지구가 멸망한다 해도 오늘 한 그루의 사과나무를 심겠다고 한 그 말이 실로 강하게 공감되는 시점이다.

대기업 식품회사에 다니고 있는 사촌오빠가 자기 아들에게 한반도 백성이 사는 길은 농사를 짓는 일이라며 농대를 가라고 권했다는 얘길 들었다. 요즘 뉴스를 보는 남편 입에서 종말 얘기를 심심치 않게 듣는다. 세상은 어디로 추락하고 있는가…

내가 안골에 산다는 것이 그 어느 때보다 중요하게 느껴진다.

존 웨슬리 회심 기념 주일에 있었던 일

오늘은 감리교 창시자인 존 웨슬리 목사의 회심 기념 주일이다. 그래서 남편이 설교 서두에 성도님들에게 존 웨슬리가 누구인지 아느냐고 물었다.

"모르는디유?" 부녀회장님이 대답하신다.

그런데 올해 팔순을 넘기신 성도님께서 막간의 침묵 속에 불쑥 한마디를 던지신다.

"웨슬리? 위슬리? 그기 새로 나온 키위 이름이여?"

키위라… 너무도 생뚱맞은 물음에 몇몇 분들이 키득거리며 웃으시고, 피아노 앞에 앉아 웬만한 소리엔 눈도 깜짝거리지 않던 나도 오늘따라 왜 그리 웃음이 나오는지…

그러나 그 성도님은 자신이 우스갯거리가 되었다고 생각하셨는지 금세 표정이 어두워지셨다.

"나 교회 못 댕기것슈. 뭘 알아야 다니지… 늙은 노인네가 주책이나 떤다고."

아이고… 그때서야 정신이 버쩍 나 허벅지를 꼬집으며 숙연한 마음으로 옷깃을 여민다.

"저도 잘 몰랐어요. 처음부터 잘 아시는 분이 있으신가요 뭐. 그분은 감리교 목사구요, 영국 사람이에요."

남편이 서둘러 상황을 수습하는데 이 설명을 들으며 혹시 더 절망하시는 건 아닌가 염려되었다.

아니나 다를까 예배가 끝나도 연로하신 성도님의 넋두리는 끝이 나질 않는다.

"교회 못 댕기것써… 뭘 알아야 다니지."

"아유, 왜 자꾸 그런 말씀을 하세요… 하나하나 차근차근 배우고 알아가시면 되지요."

옆에서 공동체 식사를 준비하시던, 한글 공부하시는 안골 성도님이 설상가상 한마디 거든다.

"진짜여… 저런 생각이 장난이 아니라니께. 뭘 몰라서 교회 다니지 못하겠다는 생각이 월매나 드는디."

어물쩍 그 상황을 넘기고 나서도 그 말들이 계속 남는다. 무언가 의사소통에 있어서 그들의 삶을 이해할 수 있는 노력을 좀더 해야 하지 않을까. 학교라고는 문턱에도 가보지 못한 분들이 위화감이나 소외감을 느끼지 않고 편안하게 말씀을 접할 수 있도록…

오순절 다락방에서 각기 다른 나라 사람들의 의사소통을 가능케 만든 성령의 역사가 오늘 안골교회에도 절실히 필요한 듯싶다.

손에 대한 단상

결혼하기 전까지 손에 물 한번 묻히지 않고 살았다. 엄마가 설거지를 시키지도 않았지만 그럴 시간 있으면 공부를 더 하라고 방으로 떠미셨다. 너희 시대에는 여자도 능력이 있어야 한다며… 그때의 내 손은 작고 보드랍고 하얀 손이었다.

대학에 가서 나는 또다른 세상을 만났다. 커다란 스크린으로 클로즈업되던, 평생 노동으로 손에 흙 마를 날이 없던 거북이 등껍질 같은 어느 할머니의 손을 보았을 때 '정녕 이 세상에서 가장 아름다운 손은 저런 손이겠구나'란 당위에 가까운 생각을 했다. 그렇다고 진짜 아름답다는 얘긴 아냐, 가치적인 문제지… 속으로 중얼거렸다.

어제 반나절 동안 낫으로 풀을 베었다. 오늘 아침 내 손과 팔목은 파스로 도배되었다. 모르는 사람이 보면 아마 저 여자는 복싱을 하나보다,라고 생각할지 모르겠다. 퉁퉁 부은 내 손은 오래전 대학 축제에서 본 그 할머니의 손을 닮아가고 있다.

작은 내 손은 더이상 하얗지 않다. 손톱 밑에는 흙이 끼어 있다. 마디가 굵어지고 투박해졌다. 동네 할머니들이 장갑을 끼고 일하라고 해도 나는 내 손에 닿는 흙의 감촉이 좋아 맨손으로 일할 때가 많다.

이제 이십년이 지난 뒤 이렇게 변해버린 내 손에 어떠한 평가나 가치를 싣지 않는다. 이 손은 내가 선택한 것이다. 내 안에서 좋은 것으로 즐거운 것으로 이끌리는 대로 선택한 결과물이다.

내 손이 결코 부끄럽지 않다.

아이가 아플 때

채원이가 고열에 시달린다. 주말이라 병원에 가지도 못하고 계속 해열제만 먹이고 있는데, 내 새끼가 아프면 엄마는 열 배나 더 속상하지만 채원이는 희원이 때보다 더 조바심이 난다.

웬만하면 아파도 아프다 소리를 하지 않고 인내심이 너무 많아 오히려 걱정이다. 좀 전 머리가 너무 아프다고 우는데 저 녀석이 정말로 많이 아픈가보다 싶어 나도 덩달아 눈시울을 적신다.

남편의 채원이에 대한 사랑은 말로 다할 수 없다. 채원이가 태어난 후 자신의 존재의 이유는 바로 채원이라며 아이가 잘 자라는 것 외엔 더이상 삶에서 바라는 것이 없다고 했다. 자신은 지금 죽어도 상관없지만 살아야 한다면 저 꼬맹이 때문이라고…

채원이는 부모인 우리에게 정말이지 특별한 아이다. 유독 낯을 가리는 것이 흠이라면 흠이랄까 어린 나이에도 나와 남편에게 너무나 큰 힘을 준다. 자질구레한 심부름을 도맡아 하면서도 군소리 한번 하는 적도 없고 코스모스를 무심코 밟을까 조심조심 걷는 아이다. 다리 다친 고양이 누비와 험상궂게 생긴 덩치 큰 개를 다정하게 쓰다듬으며 돌보는 것도 채원이의 몫이다. 여섯 살 조그마한 입에서 부모에 대한 격려와 애정이 넘친다.

그래서인가 내 일만 앞서 바쁘게 움직이는 게 못내 죄스럽다. 채원이한테는 늘 미안한 마음이 있다.

"엄만 맨날 너무 바빠."

이것도 떼를 쓰며 하는 소리가 아니라 그저 지나가며 후렴구로 한마디씩 던지는데 그 말이 더 마음 쓰인다.

읽고 싶은 책 오늘은 꼭 읽어준다고 약속하고서 이것저것 일하다 와보면 책을 안은 채 거실에서 자고 있는 아이를 본 것이 몇 번인지.

열이 좀 나는데도 엄마로서 켕기는 게 있어서인지 안절부절 마음이 불안하다. 무슨 큰일이 나지 않을까, 더 심해지면 어떡하나… 이런 일 정도로는 눈 하나 깜짝하지 않던 내가 달라졌다. 내 호흡과도 같은 아이가 늘 방긋방긋 웃으며 마당을 뛰어다녔으면 좋겠는데, 벌써 며칠째 비실대며 아프잖아…

채원아, 사랑하는 나의 딸 채원아, 빨리 나으렴, 네가 좋아하는 책, 원 없이 읽어주마…

어쩌다 잠깐 들르는 사람들에게는 시골에서의 내 삶이 매우 단조롭고 할 일 없어 보일지 모르겠으나 나에겐 하루 24시간이 모자랄 지경이다. 늘 하루 중 해야 할 리스트를 작성해놓아도 꼭 몇 가지는 하지 못하고 내일로 넘어간다. 오늘도 그렇다. 아침부터 내가 한 일들을 적어보겠다.

1. 눈뜨자마자 마당으로 나가 마당공사에 대한 구상과 샘플로 가져온 벽돌 확인.

2. 늦잠 잔 희원이를 학교에 데려다줌.

3. 돌아와서 잠에서 깬 채원이와 간단한 아침을 먹음.

4. 지나치게 익은 앵두를 그릇 가득 따서 물에 씻음.

5. 국화에 낀 진딧물 제거.

6. 주목나무, 사과나무, 두릅나무 가지치기, 연산홍 남은 꽃대 따기(채원이가 도와줌).

7. 삽살개 똥치우고 물주기.

8. 집에 들어와 씻은 앵두를 두 병의 꿀에 가득 재우기.

9. 점심 준비, 메뉴는 김치찌개. 어찌나 맛있든지 대접으로 한 그릇을 비우고 설거지.

10. 빨래, 또 빨래 널기와 개기, 뜨거운 햇볕의 오후를 견디지 못해 한 시간 정도의 낮잠.

11. 일어나서 마당 공사에 대한 구체적 견적과 공사일정 확정.

12. 읍내로 나가 세탁소, 슈퍼, 사진관 등을 들러 집에 온 후 저녁
식사.

13. 30분 동안 사모 합창단 반주 연습.

14. 희원이와 영어 공부(채원이는 옆에서 한글 공부).

15. 침대방 청소, 복근 운동 50회를 마지막으로 하루 일과 끝.

웃자란 방울토마토에 줄을 매고 고추를 막걸리로 소독하는
일, 저녁에 화단 물주는 일 등도 오늘 예정된 계획이었으나 손도
대지 못하고 내일로 넘겨버렸다. 장기적으로 반주 연습을 더 해
야 하고 인터넷으로 음악 이론을 배우는 일, 화장실에 젯소 칠하
기, 도배를 하다 미처 완성하지 못한 곳을 손보는 일, 화장실 옆
돌들을 사택으로 옮기는 일 외에 이번 주엔 마당 공사가 3일에
걸쳐 예약되어 있다.

너무 바쁘기 때문에 기도할 수밖에 없다는 웨슬리의 간증이
내겐 심한 부담이 아닐 수 없다. 그뿐인가? 기도해야 하고 독서
해야 하고 독거노인과 성도들을 돌봐야 하는데… 그토록 수많은
일들이 머릿속에서 빙글빙글 돌아가지만 매일 규칙적으로 시간
을 내진 못하고 있다.

이 외에도 갑자기 생기는 변수 내지는 지방 행사들, 결혼, 돌,
음악회 등등으로 정말이지 스케줄 없는 날이면 혼자 너무 행복
해하는 웃지 못할 해프닝 같은 일상을 안골에서 살고 있다.

그러나 늘 끊임없이 달라지는 날씨, 풍광, 기온, 사람, 일 등이 내겐 매우 생동감 있고 재미있다. 해야 할 일을 잊지 않으려고 메모를 습관화한 채, 어느 순간 무언가를 틈틈이 하고 있는 나를 발견한다. 무언가를 끊임없이 틈틈이 하고 있는 내가 좋다.

그럼으로 살아있다고 느끼고 그것이 중요함을 깨닫는다. 물론 아직도 일의 우선순위에 있어서 여전히 시행착오를 겪고는 있지만…

첫 수확

손바닥만 한 텃밭에 고추가 주렁주렁 열렸다. 마디 호박은 거의 매일 하나씩 완성품으로 자라고 있으며, 상추는 노지에서 자라는데도 잎이 부드럽다.

끼니마다 고추 따는 일은 채원이의 몫이다. 손님들에게 무농약 고추를 선물하는 일도 채원이가 담당한다. 밭에 가서 고추를 따오너라, 하면 두말 않고 좋아라 뛰어간다. 기특한 녀석.

무농약을 고수하는데 엉뚱한 데서 어려움이 생긴다. 동네 어르신들이 자기네 밭 고추에 약을 치면서 나를 생각한다고 서로 농약을 뿌려주겠단다. 나 몰래 뿌릴까봐 약 칠 땐 지켜서야 한다.

옆집 아저씨는 내가 고추에 약을 못 치게 하니까 대신 우리 마당에 농약통을 지고 와선 덩굴장미며 국화에 뿌려주신다. 단내나는 꽃엔 항상 진딧물이 버글거리기에 그건 환영할 일이다.

8년 동안 교회 안팎으로 제초제나 농약을 뿌린 적이 없기에 지력이 많이 회복되었다. 화단에는 주기적으로 부엽토와 거름을 부어주기 때문에 꽃나무 등이 놀랄 만큼 싱그럽게 기세만발로 자라난다.

동네 어르신들은 고추에 막걸리를 뿌리는 일은 소용없다고 말리지만 어쨌든 나는 어떤 식으로든 농약을 치지 않으면서 이것저것 실험해볼 예정이다.

일단 곡식에 약을 치기 시작하면 되레 그때부터 모든 상황이 악화된다고 생각하기에 농약을 치지 않고 얻을 수 있는 소출로 만족하기로 했다.

매끼 식탁에 올라오는 야들야들한 풋고추. 꼬박 2년 만에 약을 치지 않은 고추를 다시 만난다. 감격스럽다. 고추에 얼마나 많은 농약을 치는지 안다면 사실 고추를 먹을 사람이 없다. 그래서 도회지에 살더라도 화분이나 스티로폼 박스에 고추를 직접 심어 먹기를 권장하는 바이다.

농촌 곳곳마다 지력이 떨어져 잎이 마르지 않으면 뿌리가 썩는 병이 부지기수다. 돈이 되어야 하니 심지어 인체에 유해한, 금지된 농약을 고추에 뿌리는 경우도 적지 않다. 어떻게 하면 약을 덜 치면서 건강한 고추를 길러낼 것인지 연구하는 곳도 없고, 아무 정보도 없는 촌에서 무조건 죽지만 않게 수단과 방법을 가리지 않고 약을 뿌리는 현실이 너무나 안타깝고 위태롭게 보인다.

산지에서의 생산과정을 목도할 수 없는 수많은 도시의 소비자들. 언론은 늘 중국산이 나쁘다고 보도하지만 국산도 그렇게 따지면 크게 다를 바 없다. 그래서 정직하고 안전한 농산물 직거래의 중요성이 점점 더 그 무게를 더하고 있는 것이다.

예배당 건축을 맡았던 문 사장님은 전 국민이 야채를 자급자족하는 그날까지 자신은 농사를 지을 거라며 한반도 식량 대란의 대안 구호에 크게 응원을 보낸다.

전 국민이 식량을 자급자족하는 그날까지…. 나도 열심히 밭을 갈아볼란다.

결혼 15주년에 받은 축시

언제나 서로를 아껴주고 이해해주는 사랑스런 부부가 되시길^^

행복하세요~ 사랑해요~

"축하해요"

—2008년 9월 11일 희원, 채원 올림

노오란 꽃잎이 지고 벌건 태양이 타고
색 바랜 낙엽이 내려앉고 하얀 눈이 떨려 와도
하염없이 흐르는 추억 속에 이젠 바보처럼 섰지 않고
내 눈물로 그린 꽃다발을 그대에게 전해주리라

못 다한 하루하루의 결말이
진작에 별을 그리며 얘기해주어야 했을 말들이
눈동자 속에 어렴풋이 그려지는 사진 한장 한장들이
시간 속에 묻혀버리기 전에 그때의 떨림으로 말하리라

아마 수년이 지나 그립다 하여도 보지 못할 그때엔
어린아이 손에 쥐어진 빛바랜 사진 속
우리 둘에게 가만히 햇빛이 비추리라

학교 가기 전 희원이가 조용히 건네는 카드.

"엄마, 이것밖에 준비하지 못했어요···."

언제 또 이렇게 카드를 직접 만들었는지.

카드 안에는 이제 막 글을 배워가는 채원이가 언니의 지도를 받으며 힘들게 썼을 법한 '축하해요'란 어설픈 글씨가 춤을 추었고, 정갈하게 타이핑된 시도 붙어 있었다.

어디서 이런 시를 찾았을까··· 시를 읽는 순간 온몸에 전율이 일었다. 설마 희원이가 시를 직접 썼을 거라곤 상상할 수 없었다. 그래도 혹시?···.

저녁에 집에 돌아온 희원에게 "이 시 어디서 찾은 거니?" 하고 물었더니 " 참, 엄마는··· 내가 쓴 거야···" 시를 쓰는 것이 행복하다는 희원이 덕분에 나와 남편도 행복의 도가니에 빠진다.

유명한 시인의 시집 한번 제대로 사준 적도 없는데 희원이는 제 속에서 끊임없이 흘러넘치는 언어들의 유희에 장단 맞추며 날마다 춤사위를 벌인다. 진짜 시인이 되겠다.

정작 결혼기념일을 맞은 당사자들은 감기 기운 때문에 내리 잠만 잤다. 원래 15주년 기념으로 병원에 가서 검진을 받기로 해놓고. 남편이 얼마 전부터 가슴이 먹먹하다고 하면서도 병원에는 죽어도 가기 싫어해 내가 결혼기념일 기념으로 제발 진찰 한번 받아보자고 통사정을 했더니 그러마 해놓고선. 며칠 내로 끌고 가야지···

언제부터인가 서로 아무것도 바라지 않고 있는 그대로의 모습으로 서로를 받아들이게 되면서 마주보고 웃으며 행복해하는 날이 많아졌다. 결혼한 지 15년이 지나도 남편은 여전히 내 옆에만 있으면 세상에서 가장 행복하다고 하니 나 역시 감사할 일이다. 부부간의 행복한 대화 속에서 아이들은 건강하게 무럭무럭 자라고 저마다의 창조적 능력을 마음껏 발휘하고 있으니 세상 부러울 것이 무엇이랴…

내가 찾던 삶에서의 '하나님 나라와 그 의를 구하는 것'은 내 가정을 천국으로 만드는 것, 바로 그것이었다. 아, 나도 남편도 아이들도 우리집이 천국이라는 것에 동의하는 지금 가슴이 벅차다. 아무런 욕심 없이 내 남은 생을 살 수 있는 추동력을 바로 내 가정에서 얻는다. 비가 오면 비가 와서 좋고 맑으면 맑아서 좋은 그런 삶. 이 천국 가정에서 흘러넘치는 맑은 기운과 생수가 주변을 아름답게 만드는 역동적 에너지로 사용되길 바란다.

첫눈치고는 너무 많은 양이다. 족히 15센티는 넘어 보인다. 어제부터 꽃잎 날리듯 띄엄띄엄 오기 시작한 눈이 자정이 가까워 오도록 멈추질 않았다.

흥분하는 두 딸과 거실에 앉아 희원이에게 물었다.

"첫눈 올 때 소원을 빌면 이루어진다는데 무슨 소원을 빌었어?"

"비밀이야, 비밀은 말하면 안 이루어진대…"

엄마는 우리 가족 모두 건강하고 행복했으면 하고 빌었는데… 확실히 나이가 드는 모양이다.

첫눈을 보고 이젠 가장 먼저 가족들이 떠오른다. 내일 희원이가 그 먼 정류장까지 눈 속을 헤치며 걸어가면 얼마나 추울까, 마을 전체가 빙판길이 될 텐데 그러면 어린이집 버스는 내일 안골에 들어올 수 없고 문예회관에서 하는 채원이 재롱잔치가 불과 이틀 앞인데 또 빠져야 하나… 등등 걱정이 앞선다. 내가 희원이한테 그랬다.

"엄마가 너 뭐 빌었는지 맞춰볼까? 올 겨울 첫사랑이 이루어지게 해주세요… 그랬지?"

"엄마! 어떻게 알았어?"

참 나, 어째 발달단계에서 하는 생각들은 동서고금 막론하고 변하질 않는지… 엄마도 그랬거든… 중3 겨울 정말 진지하게 첫사랑에 대해 생각하고 그것이 이루어지길 첫눈 오는 날 빌었었다.

대화를 듣던 채원이가 갑자기 자기는 소원을 빌지 않았다며 눈 오는데 밖으로 나간다는 것이 아닌가. 아이고, 귀여운 놈, 우리 가족 모두의 엔돌핀 공급자!

"채원아, 그냥 창문에서 보면서 빌어도 돼…."

거실 한쪽 구석 커튼을 가만히 걷고 창문 앞에 무릎을 딱 꿇더니 뭐라뭐라고 중얼거린다.

"채원이 뭐라고 빌었어?"

"나도 우리 가족 건강하고 행복하게 해달라고 빌었어. 헤헤…"

잠자리에 들면서 기도를 챙긴다.

"채원아, 내일 눈이 더 많이 오지 않아서 어린이집 갈 수 있게 해달라고 하나님께 기도하렴."

그랬더니 채원이는 낭랑한 목소리로 조목조목 읊조린다.

"기도가 끝날 땐 예수님 이름으로 기도드립니다, 하는 거야."

"예수님 이름으로 기도드립니… 아 참, 예수님, 하나님, 천사님들 이름으로 기도드렸습니다."

"채원아 하나님, 천사님은 빼도 돼."

"아이, 그러면 하나님이 섭섭해하시잖아…."

참, 아이들은 영의 덩어리라는 표현이 맞다.

생텍쥐페리의 『어린왕자』에서 코끼리를 먹은 보아뱀을 주인공이 그렸을 때 어른들은 단지 모자라고 생각하고 '이 그림이

무섭지 않아?'라고 묻는 아이를 오히려 어리석게 여기는 대목이
있다.

나는 가끔 채원이가 거실에 앉아 창문 너머에 보이는 파란 하늘과 구름을 보며 "엄마, 난 하나님이 보여, 하나님은 구름 위에 계시거든….." 그러면 온몸에 전율이 인다.

그때 채원이는 정말 하나님을 온몸으로 느끼고 있을 것이라는 생각에 '아무것도 없구만, 뭐가 보인다고 그래?'라고 핀잔할 수 없다.

"채원아, 하나님, 천사님까지 찾으면 너무 길잖아. 그리고 예수님은 하나님의 아들이기 때문에 다 봐준대. 그러니까 예수님만 얘기해."

"아, 그렇구나… 하하!!"

나의 사랑스런 꼬맹이는 여전히 아기 냄새를 풍기며 솔솔 잠이 든다. 나는 이 작은 존재에서 뿜어져 나오는 영의 기운을 조금이라도 더 맡아내기 위해 채원이를 내 품에 꼭 안는다.

첫눈 오는 날 밤은 그렇게 저물었다.

일찍 일어나 밥을 먹이고 예산여고로 가는데 입구에서 경찰들이 교통정리를 해주고 있다. 친절하게 미소를 지어가며 수험생을 위해 배려해주는 경찰들을 보니 마치 오늘이 수능 날인가 하는 착각이 들 정도다.

"엄마, 이따 끝나고 전화 드릴게요."

"그래, 얘들아…시험 잘 봐." 하며 돌아서는데 가슴이 짠해지면서 눈물이 울컥 솟는다.

저 어린 것이 언제 저렇게 커서 벌써 고등학교 시험을 본다고 뛰어다니나… 지나간 세월이 주마등처럼 지나간다. 감격스럽고 그저 대견하다.

남들 대학입시에 혈안이 되는 모습이 이젠 남의 일 같지 않다. 나도 얼마 안 있으면 희원이가 무슨 대학 무슨 과를 지원하느냐를 가지고 같이 애를 쓰고 있겠지…

집으로 오는 길, 희원이가 거창고를 떨어졌을 때 하나님께서 더 좋은 것으로 예비하시느라 그랬을 거라는 확신이 드는 것이다. 거창고에 떨어짐으로써 세상물정에 무지했던 희원이는 세상살이가 그렇게 호락호락한 것이 아님을 깨달았고 자기 자신을 되돌아보는 계기를 마련했다. 또한 막연히 예산을 떠나고 싶다는 생각에서 좀더 고등학교 생활을 내실 있게 보내야겠다는 생각으로 바뀌었다. 희원이와 우리는 1학기부터 기숙사 생활을 시작하는 데 의견일치를 보았다. 그러한 외적 규율이 있는, 집에서 분리된 자치생활이 오히려 희원이를 더 단단하게 만들어줄 것이란 생각 때문이다. 현실적으로 버스가 거의 다니지 않는 이유도 있지만 그저 부모의 보호 아래 안온하게만 생활해온 희원이에게는 기숙사 생활에 더욱 많은 장점이 있을 거란 생각이다.

희원이를 생각하면 그저 감사한 마음뿐이다. 안골에 내려올 때 희원이의 미래를 걱정하는 사람들이 많았다. 심지어 어떤 사람은 부모의 결단을 위해 아이의 삶을 희생시킨다고도 했다. 그러나 '이 구석진 시골의 공교육 기관이 얼마나 형편없을까'라는 도시 사람들의 판단과 의구심이 얼마나 어리석었던가를 극명하게 보여주는 학교들을 희원이는 지나왔다.

희원이가 나온 신양초등학교는 몇 해 전 전국에서 가장 아름다운 학교로 선정되었고 해마다 더 아름답고 신선하게 바뀌고 있다. 내후년에 입학할 우리 꼬마 채원이 역시 전국에서 가장 아름답고 멋진 학교에서—화장실에서 음악이 흘러나오고 기다리면서 앉아서 책을 볼 수 있는, 그리고 복도 전체를 개조해 언제든 바둑이나 오목을 둘 수 있는—생활을 하게 된다.

희원이가 나온 신양중학교 역시 예산군 안에서 매우 주목받고 있는 학교다. 전교생이 100여 명인 작은 학교지만 그렇기 때문에 작은 학교의 장점을 살려 매우 가족같이 친밀한 (일반 학교에서는 상상할 수 없는) 분위기로 해마다 우수한 학생들을 배출하고 있다.

현재 예산군에 있는 각 고등학교의 최상위권 학생들이 대부분 신양중학교 선배들이기 때문에 중학교 선생님들 역시 자부심이 대단하다. 단순히 공부를 잘해서만이 아니다.

나는 요즘 희원이의 입에서 친구들, 선생님들과 헤어질 걸 생각하면 매일 눈물이 난다는 얘길 자주 듣는다. 희원이 학년 전체가 38명. 그 작은 숫자의 아이들이 3년 동안 울고 웃으며 남자, 여자 할 것 없이 점심 먹고 나무 그늘 밑에서 도란도란 이야기를 나누는 그 시간들이 얼마나 소중했을 것인가 가히 짐작이 간다.

선생님들이 그러신단다.

"어째 느그들은 38명이 항상 같이 노냐?"

신양중학교의 가장 마음에 드는 방침은 '학생자치'이다. 모든 학교 행사에 주체는 늘 학생이다. 수학여행이나 축제 같은 큰 행사의 모든 프로그램은 교사가 아니라 학생 간부들이 학생들의 의견을 수렴하여 계획하고 작성한다. 이것이 신양중학교의 가장 큰 전통이라고 할 수 있겠다.

그래서인지 희원이는 중3 겨울을 고대해왔다. 마지막 축제에 적극적으로 참여하여 좋은 추억을 만들겠다는 의지를 전부터 보이더니, 이번에 자청해서 사회를 맡고 벌써부터 강당의 인테리어를 고민한다. 학생들을 끔찍이 위하는 선생님들과 작은 학교를 사랑하는 아이들이 만나 이루는 아름다운 하모니는 희원이에게 평생 잊을 수 없는 좋은 추억을 선물로 주었다.

늘 학교 가는 것이 행복이고 기쁨이라는 희원이의 말이 그저 고마울 뿐이다.

"엄마, 학교 가면 안면근육이 마비돼… 너무 웃어서…"

오늘 8명의 신양중학교 여학생들이 예산여고 시험을 보러 간다고 하니 어제부터 남학생들이 초콜릿을 선물하고 선생님들도 시험 잘 보라고 너도 나도 이것저것을 선물해 집에 올 때 뭘 한아름 들고 들어왔다. 이러한 작은 배려와 격려가 아이들을 저 밑바닥부터 살찌우는 것이 아닌가 생각된다.

우리 아이들을 악착같이 경쟁과 성취의 사회로 내몰지 않는다면 오히려 생각지 못한 곳에서 더 풍성한 생명의 꼴을 얻을 수 있다는 사실을 오늘 이 시대는 기억해야 할 것이다.

묵언수행을 향하여

말로 언표되는 모든 것들에 회의를 느낀다. 말로 해서 개선되지 않을 줄 알면서 늘 옹알대는 내 자신에게도 회의를 느낀다.

구정 설 때 우연히 「영화는 영화다」라는 영화에서 끊임없이 흐르는 피를 보았다. 충격적인 영상 때문에 잠자리에 누운 내 머릿속이 괴롭다.

불현듯 나는, 우리는, 언젠가부터 십자가에서 흐르는 피를 잊어버렸음을 상기하고 영화보다 더 큰 충격에 휩싸인다.

피 없는 십자가와 피가 흐르는 십자가. 어느 것이 더 절박한가?

그것은 더 나아가 내 무의식의 무언가를 건드린다. 지금 나를 움직이고 있는 것의 실체를 발견한다. 오, 주여. 나를 불쌍히 여기소서….

그리고 결심한다. 얼마의 기간이 될지 모르지만 당분간 모든 활동을 절제하고 사람도 절제하고 음식도 절제하며 일상에 꼭 필요한 말 이외에는 하지 않기로 한다.

묵언수행의 연습을 시작한다. 혼자 깊은 동굴에 들어간다고 상상한다. 아무도 만나지 않으면 좋으련만 그럴 수는 없다. 나는 지금 혼자 그 동굴을 파고 있다.

아직 내 몸은 환한 빛 가운데 서 있다. 내 몸은 고통을 향해 준비되고 있다. 내 의지와 상관없이 처절한 고통을 당하려 한다. 가시 면류관의 가시가 머리에 박혀 피가 끊임없이 흘러내리는 그의 얼굴을 기억하려 한다.

옆구리에 창을 찔려 몸에 남은 물 한방울까지 남김없이 쏟아내는 그의 육체는 상징이 아니다. 동화가 아니다. 현실이다. 고통을 수용하리라. 그래서 죽어버리리라…

죽어야 산다는 그의 말을 지금 실험하지 않으면 나는 두고두고 후회할 것이다. 아니, 그때는 정말 살지 못할 죽음을 택할지도 모른다.

삶과 죽음의 중요한 기로에 서 있다고 생각한다.

참으로 쉽지 않은 연습이다. 새벽에 일어나기를 몸에 자각시키고 나아가서 날마다 일어나는 시각에 반응하게 하는 데만 열흘이 넘게 걸렸다.

요즘은 알람 없이 눈을 뜨면 5시다. 그때부터 몸이 일어나는 것이다. 그런 후 3월의 찬 공기를 가르며 교회에 나아가 1시간 정도 침묵하고 앉아 있는데 추운 곳에서 1시간 동안 가만히 앉아 있기란…

그래도 지금은 처음보다는 나아졌다고 할 수 있지만 여전히 불규칙적인 호흡, 불편한 자세 등으로 몇 번씩 몸을 이리저리 뒤틀고 어쩔 줄을 모른다.

침묵 연습은 몸을 깨우고 또 몸을 만들어가고 정신을 깨우며 나아가 영의 세계 그 깊고 충만한 바다로 나를 인도한다. 나는 이제 조금 알 뿐이다. 침묵을 향해 몸을 풀고 정신을 맑게 하는 정도에만 이른 것이다.

가야 할 길이 얼마나 먼가… 안골교회의 새벽기도에는 환한 불빛, 시끄러운 마이크 소리, 찬송과 설교, 통성기도가 없다.

각자 희미한 새벽빛 아래에서 조용히 침묵한다. 아침을 알리는 닭들의 외침, 재재거리는 참새들의 수다 소리만 간간이 들릴 뿐이다.

훤하게 밝아오는 하늘빛 속으로…

대학 등록금 천만원 시대가 도래했다. 가난한 농부의 연 수입은 1200만원. 아들 대학 등록금 천만원 내면 뭐가 남나… 그 아들은 결국 밀린 월세와 미처 갚지 못한 등록금 3백만원을 빚으로 남긴 채 자살을 했다.

자식 둘을 대학에 보내려면 학비와 생활비를 포함해 연 3천여만원 가까이 드는데 경제가 어려워진 지금 이러한 돈을 척척 내놓을 부모가 얼마나 될까…

많은 학생들이 대학을 포기하거나 휴학을 한다고 한다. 작년 희원이가 고등학교 갈 때 친했던 한 친구는 엄마의 반대로 그렇게 가고 싶었던 인문계 고등학교를 포기했다.

이유는 밑에 동생이 셋인데 농사만으로는 학비를 감당할 수 없으니 상고 나와서 빨리 돈을 벌어야 하기 때문이란다. 친한 친구들이 모두 인문계 시험을 보러간 사이 혼자 남을 자신을 생각하고 서러워 우는 그 친구를 안고 엉엉 울었다며 토끼 눈이 되어 집에 온 희원이의 말에 나까지 울컥한 적이 있다.

고등학교 1학년이 된 희원이.

대학 진학을 코앞에 둔 딸을 가진 나이기에 이젠 남의 일같이 들리지 않는다. 모든 것을 하나님께 맡기고 산다지만 이런 이야기를 들으면 왠지 마음 한구석이 쓸쓸해진다.

남편이나 나나 물려받을 재산도 소유한 재산도 전무한, 그야말로 안골을 나가면 머리 둘 곳조차 없는 빈털터리가 아닌가…
우리가 살아가는 삶이야말로 오직 하나님의 은혜로 말미암은 신
비 그 자체다. 이 역시 하나님의 선한 인도하심을 바랄 수밖에…
힘들게 대학을 졸업하고도 빚 때문에 신용불량자가 되는 세상…
가난을 대물림하기 싫어 대학에 보낸다지만 그 가난 때문에 대
학을 포기할 수밖에 없는 수많은 젊은이들의 고통스러운 삶이
사순절 마지막 고난주간을 보내는 내 마음에 못처럼 박힌다.

'살림'의 거대담론

사순절 기간 동안 꾸준히 하루에 일정한 시간을 내어 집안 구
석구석을 청소하고 있다. 참으로 깊은 깨달음이 내게 다가온다.
살림을 잘한다는 것이 얼마나 중요한 일이냐…

음식 만들고 청소하고 빨래하고 바느질, 다림질, 장보기 등등
사람이 삶을 영위하는 데 필요한 모든 제반사항을 돌보아야 하
는 '살림'이야말로 전문적인 영역이며 총체적 예술 활동처럼 느
껴진다.

잘 정리된 집안, 있어야 할 것이 제대로 배열되어 있으면 절약
할 수 있다. 찾지 못해서 다시 사는 물건이 얼마나 많은가를 생각

해보라….

식단을 만들고 싱싱한 재료를 준비해 정성껏 만드는 음식도 사실 만만한 일이 아니다. 어떤 음식을 먹느냐에 따라 사람의 뇌의 활동과 감정조절까지 영향을 받는 현실 속에서 집에서의 음식은 한 사람의 인생 전체를 좌우할 수 있는 중요한 부분이 되었다.

빨래도 섬유의 질감과 색깔에 따라 분리하여 세탁해야 한다. 빨래를 개어 각 가족 구성원의 서랍에 넣을 때도 잘 정돈하고 잘 배열하면 시간을 줄이고 불필요하게 옷을 사지 않을 수 있다. 사계절이 있는 우리나라에서 입지 않는 옷과 입는 옷을 철철이 분리해내는 것도 적지 않은 시간이 걸린다.

쓰레기를 분리하는 문제도 살림하는 사람이 촉각을 곤두세울 부분이다. 철저한 분리수거와 음식물 쓰레기, 태울 것을 나누는 것도 대충 할 수 없는 일. 또 공기청정기 대신 화분을 기른다든가 정원을 돌본다든가 집안에서 쓸 커튼이나 식탁보 등을 직접 만드는 일, 또는 된장과 고추장을 직접 만들고 텃밭을 가꾸어 싱싱한 채소를 직접 재배하여 먹는 일 등은 살림을 하는 사람의 몫일 수 있다.

그러나 이 살림의 영역이 과소평가되고 살림을 하느니 차라리 돈을 벌어 파출부를 쓰겠다는 생각이 팽배하고 있어 우리의 미래를 암울하게 한다. 머지않아 김치를 만들거나 장을 담글 줄 아는 사람은 아마 인간문화재가 되는 시기가 오지 않을까…

집 청소는 파출부가, 이불과 집 소독은 전문 소독가가, 집 내부는 인테리어 디자이너가, 빨래는 세탁소에서, 육아는 베이비시터가, 요리는 대형마트 음식코너 또는 배달 전문업체가 담당하는 세상이 되었다.

언젠가 예배당을 거의 완성해갈 무렵 나는 모든 상황이 정리되면 살림을 열심히 해보겠다,라는 글을 쓴 적이 있다. 그로부터 3년의 시간이 흘렀다.

모든 불필요한 잔가지를 치고 칩거하겠다는 강한 의지로 고요해지는 상황을 만들고 나니 이제야 살림이 눈에 보이는 것이다. 2주 동안 커다란 쓰레기봉투가 몇 차례나 실려나갔는지 모른다. 쓰레기와 쓸 것을 구분하지 않고 그냥 쌓아두기만 한 것들이 얼마나 많은지…

냉장고도 몇 번을 비워냈다. 오랫동안 먹지 않고 쌓아둔 음식들, 야채들을 꺼내 버릴 것 버리고 정리할 것 정리하면서 또다시 깊이 반성한다. 평상시에 날마다 잘 정리했으면 얼마나 많은 음식을 절약했을 것인가… 개수대나 변기 안의 청결 유지, 냉장고 안과 전자레인지 안의 주기적 청소, 차 운전대의 상시 청소 등 열심을 내어 갈고 닦으면 다 돈을 버는 행위들이다. 청소만 잘해도 많은 돈을 절약할 수 있다는 생각이 드는 것이다. 또한 그것이 내 가족의 건강뿐 아니라 나아가 지구의 평화와 환경을 살리는 길이기도 하다. 살림의 거대담론은 여기서 기인한다.

결혼한 지 16년차인 내가 마흔을 앞에 두고 이제서야 살림에 대해 깊은 성찰을 시작했다. 지금껏 살면서 친정어머니나 그 누구에게도 살림의 중요성을 들어보지 못했다. '결혼하면 다 한다'고 그러셨다. 그러나 나는 살림을 잘하지 못했다. 늘 내가 할 수 있는 일이 없어 보였다.

시장에 가도 그 많은 재료들을 어떻게 요리할지 몰라 답답했다. 돈을 버는 일이 가장 편했다. 그렇게 길들여진 것이다. 내게 느껴지는 엄청난 살림의 중량을 설명하는 일이 서툴고 쉽지 않다. 나 역시 허드렛일^{chores}이라고 표현되는 일상의 사소한 많은 일들을 과학적이고 위생적이며 예술적으로 감당할 수 있는 공부를 이제야 시작했으며 그것은 궁극적으로 단순한 삶, 덜 쓰는 삶으로 귀결된 것이다.

내 딸에게 나는 이따금 이야기한다.

"얘야, 집에서 살림하는 것을 과소평가하지 마라. 그것은 매우 중요한 일이란다. 사람을 살리는 일이거든…"

이제야 내 마음에 봄이 왔다. 부활절 아침 그 어느 누구보다 들뜨고 기쁜 마음으로 예배를 준비했다.

마당에는 벌써 화단을 수북이 메운 연보라의 꽃잔디가 화사하게 피고, 자목련도 지상에 며칠 머무르지 않는 시간 중 유독 부활절 아침 자신의 화려한 자태를 만천하에 드러냈다.

눈을 감아도 부신 햇살 속에 마음은 벅차다. 죽어야 산다는 그리스도의 역설적 진리의 그 정수를 맛보려면 사순절 기간 더 철저하게 죽는 연습을 해야 함을 깨닫는다.

또한 이제부터 공생애를 향한 준비를 시작한다. 더욱더 단순한 삶 속에 몸과 마음을 하늘로 향해 열어놓는 수련의 삶. 하늘에서 말씀하시는 소리를 하나라도 놓치지 않기 위하여…

예수님께서 부활하셨으니 그 기념으로 그동안의 칩거에서 벗어나 따뜻한 봄 속으로.

사람들이 사는 저잣거리를 좀 돌아다녀볼란다.

어떤 일이 있더라도 새벽녘 약속한 시간에 하나님 앞에 머리를 조아리고 주님이 주신 말씀을 묵상하며 침묵하는 시간을 지속적으로 이어가니 어떤 일이 일어나느냐…

나의 영적 절박함으로 단절되었던 또는 그래 보였던, 그래서 한편으로는 조바심이 났던 관계들이 보이지 않게 조금씩 회복되어가는 현실과 마주하게 된다.

여태껏의 삶 속에서 나는 적들을 만들지 않았다. 누군가와 부딪힐 일을 만들지 않았고 오해를 방치하지 않았다. 그렇게 모든 상황을 이해시키거나 설득하려고 많은 에너지를 쏟았다.

그러나 최근 일련의 일들을 통해 의도하지 않게 오해의 소지가 있는 일들 또는 남들의 심기를 불편하게 할 수 있는 일들을 내 스스로 만들 수 있음을 깨달았다.

전 같으면 혹여 그런 일들이 있더라도 곧바로 나를 변호하거나 설득하기에 급급했을지도 모르지만 이제 나는 소위 적을 만들거나 적이 도사리고 있는 상황을 두려워하지 않기로 했다.

새벽에 마가복음을 읽는데 내 눈은 마침내 그들을 발견했다. 호시탐탐 예수를 왜곡하고 벌하려는 수많은 적들의 이야기를… 예수 그리스도 주위를 상시 배회하며 늘 기회와 건수만 노리던 그 수많은 적들을 나는 간과하고 망각하였다. 실로 충격적이었다. 예수에게 너무나 많은 적이 있었다는 사실이… 더욱 나의 심장을 빠르게 뛰게 하는 것은 예수가 그 적들 속에서 도무지 기가 죽거나 변명한 흔적이 없다는 것이다. 늘 그는 진리를 명료하게 선포할 뿐이었다. 정말 감격스럽지 않은가.

상상해보라, 오죽하면 십자가에 죽임을 당했을까…

우리는 예수가 세상을 향해 시대적으로 얼마나 과격한 소리를 내뱉었는지 기억해야 한다.

타협이란 없다. 죽기를 각오하고 하나님의 나라를 외치는 이 젊은이의 행보는 혁명가의 그것보다 더 절박하고 처절하다. 예수를 살아낸다는 것은 마치 바다에서 지금 막 건져올린, 그래서 펄떡펄떡 뛰는 물고기처럼 생동감 넘치는, 뜨끈뜨끈하고 살아 날뛰는 그런 역동적인 에너지 그 자체인 것이다. 그런 예수의 행보가 지금의 세태에서는 얼마나 무기력해졌는가.

아무도 광야에 나가려 하지 않는다. 아무도 모험하려 하지 않는다. 붉게 펄떡이는 심장 대신 안락하고 폭신한 의자를 택한다. 아무도 진리를 실험하지 않고 아무도 도전하려 하지 않는다.

오, 주여! 가슴이 무너집니다. 탄식이 절로 납니다. 2천년 후의 당신은 이렇게 무기력하게 스러져가시는군요. 당신의 피 묻은 십자가는 밤거리를 밝히는 네온사인이나 누군가의 목에 걸린 장신구가 되었습니다.

오, 주여! 오시옵소서. 펄떡이는 심장 고동소리로, 피 묻은 손으로… 그리하여 과연 우리가 살아있음에 요동치게 하소서. 하나님의 나라를 지금 여기서 가슴 벅찬 감격으로 맞이하게 하소서.

세 모녀가 산으로 간 이유

기숙사에서 시험기간 내내 야식을 먹은 희원이가 살이 너무 쪘다고 투덜댄다.

"얘! 이 세상에서 제일 어려운 일이 뭔 줄 아니? 살 빼는 거야. 많은 사람들이 너처럼 살이 쪘다고 투덜대고 스트레스 받으면서 계속 방바닥을 뒹굴지. 자! 일어나서 마당에 물이라도 주러 가자."

"아이, 엄마… 귀찮아."

"너 살찌는 거 시간문제다. 자고 일어나면 10킬로가 넘어가는 거야."

"엄마는… 악담을 하셔."

희원이가 눈을 흘긴다.

"잘됐다, 오늘 너 삽질 좀 해라. 산에 가서 부엽토 좀 가져와야 하는데 운동이라고 생각하고 가서 힘 좀 써."

이렇게 말을 하고도 별반 기대는 하지 않았다. 2년 전에도 네 살짜리 채원이가 호미를 들고 마당의 잡초를 뽑고 있을 때 희원이는 양산이나 쓰고 엉덩이를 살랑대며 산책을 하러 다니지 않았던가.

그런데 사태의 심각성을 느끼긴 했나보다. 투덜대는 것 같더니 어느새 모자에 수건까지 두르고 따라나서는 것 아닌가. 그 모습이 그리 반가운지 남편은 사진 좀 찍어두라고 한다.

채원이는 어느새 장갑에 모자에 밭 맬 때 쓰는 의자까지 어깨에 두르고 왜 산에 빨리 안 가느냐고 재촉한다. 그 모양이 얼마나 예쁜지.

두발 수레를 끌고 산을 오른다. 두 딸과 함께 따스한 봄빛을 온몸에 받으며 산에 오르니 세상 부러울 것이 없다. 행복하다. 희원이는 이제 한몫을 제대로 한다. 낙엽을 살짝 걷어내고 기름지게 썩은 부엽토를 한 삽씩 떠서 포대 자루에 부어 넣는다. 생전 이런 일은 안할 것 같더니 그래도 본 적은 있어서 곧잘 한다. 두어 포대 담고 털털거리며 앞서거니 뒷서거니 내려온다.

아니나 다를까…

"아, 힘들다… 살 엄청 많이 빠졌겠다. 내일 아침 못 일어나면 어떡하지?"

"이렇게 시원한 바람 마시면서 즐겁게 하는 일은 잠만 잘 자고 나면 오히려 몸이 개운해져… 스트레스 받으며 하는 일이 진짜 무서운 일이지."

희원이는 화분을 몇 개 옮겨주고는 샤워한다고 냉큼 올라가버린다.

"채원이 쪼수!! 물 좀 떠다주…" 하는 엄마 말에 채원이는 이웃에게 얻은 고추모를 여기저기에 다 심을 때까지 제자리를 지킨다. 서쪽으로 넘어가는 해는 여전히 눈부시다. 며칠 동안 벼르던 숙제, 끝!

기숙사로 돌아가는 희원에게 한 가지 부탁을 한다. 희원이는 이미 몇 시간 전 아빠와 정자에 앉아서 인생에 대한 이야기를 나누었다고 했다.

"좋아, 이젠 엄마 차례야."

나는 숭실에 있을 때 종교과목 학습목표였던 '날마다 신체적, 정신적, 영적 훈련을 규칙적으로 한다'는 문장을 희원에게 암기시킨 후 매일 점심, 저녁 시간에 운동장 돌기를 게을리하지 말 것과 성경을 2장씩 읽고 조용히 마음을 가라앉히고 침묵을 연습할 것을 부탁했다.

나름 진지하게 듣는 희원. 언니가 있었으면 좋겠다고 노래를 하던 희원이는 기숙사에 들어가서 부모와 감정적으로 부딪히거나 잔소리를 듣는 횟수가 적어지고 기숙사 언니들과 친해지면서 또한 그들의 사랑을 독차지하면서 매우 밝고 활기찬 기운에 사로잡혀 있다. 그럴수록 매일 매일 근본을 향해 조용히 자신의 존재에 집중하는 훈련이 필요하다고 느껴진다. 감정 기복이 매우 심할 때이므로 더더욱 그렇다.

희원이가 공부에 있어서 어떤 부분이 부족한지, 건강상태는 양호한지, 먹는 것은 함부로 먹지 않는지, 기숙사 방의 청결상태는 어떤지… 부모가 신경을 써야 할 것이 참으로 적지 않다. 건강하게 자랄 수 있도록 최선을 다해 돕고 싶은 마음뿐이다.

주일 오후… 사흘 동안 연신 적지 않은 비가 내린 후 볕이 든
다. 바람이 분다.

나는 성도님이 주신 청양고추 모종을 화단에 심고 풀을 뽑고
맨드라미와 봉선화 씨를 뿌렸다. 그리고 내내 구부렸던 허리를
펴고 저수지를 향해 몸을 천천히 폈다.

오, 주여! 세상은… 온통 찬란했다.

어둔 하늘을 제치고 나온 오후의 햇살은 바람을 타고 연초록
빛 흠씬 하늘 물을 먹은 나무와 풀과 꽃 속에서 산산이 부서지며
눈을 뜰 수 없을 정도로 황홀히 온 세상을 향해 쏟아지고 있었다.

찬란하다는 표현은 혀를 넘어 나의 눈에서 온몸까지 전율하게
했다.

또한 마당에는 이 계절 필 수 있는 꽃들은 모두 저마다 제 색을
내며 피어 있지 않은가… 이 가슴 벅참, 이 아름다움을 말로 다
표현할 수 없다. 하나님께서는 찌질한 내게 어찌 이런 복을 허락
하시는가…

지상 최고의 낙원 안골에서 살게 하시는 복을 말이다.

이제는 없는, 삽살개 두 마리가 남겨놓고 간 선물이 있다. 이 두 녀석이 열심히 똥을 싸댄 덕택에 뭔 잡초가 저리도 크게 자라나 했더니 나무가 되었다.

처음엔 아카시아인 줄 알았는데 안골에 오신 손님이 보더니 귀한 산초나무란다.

이젠 뒤뜰에 제법 그늘을 만드는 나무를 바라볼 때마다 기적이라는 생각이 든다.

워낙 척박해서 호박은커녕 아무것도 심을 생각 말라고 동네 할머니가 주의를 준 땅이 아니던가. 그 땅에 줄기가 굵어진 산초나무가 자란다.

나무가 자란다! 그것도 작디작은 아니 어디서 날아왔는지도 모르게 바람이 떨궈놓고 간 씨가 자라 나무가 된다.

나는 하루에도 몇 번씩 산초나무를 쳐다본다. 마음속 깊이 솟아나는 경외감을 가지고. 아무리 척박한 땅이라도 끊임없이 거름을 주면 그 땅에서 거목이 자라날 수 있다.

포기하지 않고 오래 인내할 수 있다면.

신종플루만 봐도 그렇다. 이게 어디 사람 사는 세상인가…
세상이 신종 인플루엔자에 벌벌 떨고 있다. 신양중학교도 휴교
했고 가까운 이웃 마을 슈퍼집 아이도 신종플루 양성 반응이
나왔다.

어떤 의사는 그저 독감 수준이라 잘 먹고 잘 쉬면 괜찮다며 오
히려 정신적 두려움이 더 큰 문제라고 지적한 바 있지만 하루만
자고 나면 몇백 명씩 수가 더해지는 전염성이 섬뜩하다.

우리는 벌써 우리가 예견하고 있던, 치뤄야 할 대가를 치루기
시작한 것이 아닐까… 지구 온난화로 앞으로 강수량이 엄청나게
증가해 도시의 경우 폭우 발생시 지하철에 대형 사고가 발생할
수 있음을 경고하는 프로를 최근 보았다.

지진이나 해일도 예외가 아니다. 이제 앞으로 닥쳐오는 자연
재해는 인명피해가 최소 100만명 이상일 것으로 미래학자들은
우려한다. 실제 이러한 일은 이미 지구상에 시작되었다.

미래를 예측한 지구 보고서는 끔찍하다. 남편은 다니는 곳마
다 기후재앙으로 인한 지구의 종말이 임박했다고 설파해 혹시
휴거론자 아니냐는 의심의 눈초리를 받기도 했다.

그래서 어쩌잔 말이냐, 그래서… 오늘이 더 소중해진다. 노아
시대에도 세상을 멸망시킬 홍수가 온다고 아무리 떠들어도 사람
들은 코웃음 치지 않았는가. 역사는 되풀이되고 여전히 사람들

은 자본의 논리에 입각한 성공과 성취와 소비를 향해 미친 듯이 질주한다. 헛되고 헛된 것에 미쳐 돌아간다.

그들은 전혀 듣지 않는다. 듣지 않아도 외쳐야 하는 예언자적 사명이 안골에 있다. 마음이 아프다. 나는 내 아이들이 사는 세상이 건강하고 행복하기를 바라는데 세상은 점점 더 무서워진다.

옷을 찢고 땅을 칠 일이다. 통곡소리가 온 세상을 울릴 일이다. 이사야 선지자가 오죽 했으면 옷을 다 벗고 거리를 돌아다니며 절규했겠는가(이사야서 20장). 오 주여… 오늘 우리의 삶을 돌아보게 하소서. 패역한 시대를, 황폐해가는 지구를, 우리 모두 돌아보게 하옵소서.

지금 막 태어난 갓난아기의 그 맑은 눈에 눈물 고이지 않는 세상을 이루는 데 우리의 건강한 몸과 마음을 모으게 하소서.

2009년을 보내고 2010년을 맞이하는 송구영신 예배 때 함께 나누려고 오뎅국을 끓였다. 그런데 급한 마음으로 들고 나가다 쏟아뜨리는 바람에 발등에 3도 화상을 입고 말았다. 아이티의 참사를 들은 건 화상의 고통으로부터 벗어날 즈음이었다. 식사 때 TV를 틀지도 못했다. 그들을 보면 밥을 먹을 수 없었다.

살아있는 사람은 귀를 막고 눈을 감고 자기가 살기 위해 꾸역꾸역 밥을 넘긴다. 지옥이 따로 있을까… 사방에서 시체 썩는 냄새가 진동하고 신음소리, 배고파 우는 아이들의 울음소리가 온 땅을 울릴 그곳을 생각만 해도 나는 패닉 상태에 빠진다.

나는 언젠가부터 지구의 종말에 대해 계속 얘기해왔다. 지구 온난화로 올 겨울 세계 곳곳에서 폭설이 맹위를 떨치며 수백명의 사람들이 동사했다. 앞으로 지진이나 홍수로 피해가 나면 번번이 수백만명이 죽어나갈 것이라고 끊임없이 미래학자들은 예고했다. 미래의 환경 보고서에는 멸망의 징후들만 있을 뿐이다.

그러나 세계를 향한 심판이 있을 거라고 외치는 노아의 외침에 비웃음으로 일관했던 당시 사람들처럼 자본을 바벨탑 삼아 자연을 고갈시키며 끊임없이 위로 위로 물질의 탑을 쌓아가는 우리 인간들의 오만함과 무서운 독선을 돌아보기에는 이미 때가 늦은 것이 아닐까…

이러한 전 지구적 재앙 앞에서 공황 증세를 보이는 사람들도 늘어나고 있다.

이것이 하나님 탓인가⋯ 하나님이 만드신 세상은 원래 이런 곳이 아니었다.

지난주 예배를 시작하기 전, 성도님들과 함께 아이티에서 고통 받는 형제자매들을 위한 중보기도를 드렸다. 이것이 우리가 할 수 있는 최선이라고 생각했다.

그들에게 좀더 많은 도움의 손길이 인도되고 속히 많은 생명들이 구조되길 끊임없이 기도하는 일은 이역만리 떨어져 그들의 참사 앞에 지극히 무능해 보이는 우리도 할 수 있다.

하나님께서는 전혀 상관없어 보이는 그들과 우리를 고통 속에서 한 형제자매로 묶어주시고 그들의 고통을 외면하지 않고 우리의 온 가슴으로 같이 느끼게 하시면서 결국 모두가 하나임을 체험케 하신다.

끊임없이 회자되는 멸망의 때, 그 한복판을 걸어가는 우리들의 오늘에 뭔가 할 일이 있음을 느끼고 행동하기를 주저하지 않는 것.

비록 내가 하는 일이 너무도 미미해 보이고 하찮아 보일지라도 말이다.

새로운 사순절이 시작되었다. 사순절을 통하여 하나님 앞에 통회자복하고 예수 그리스도의 고통을 되새기면서야 비로소 나의 2010년은 시작된다.

사순절 40일 기간 동안 새벽기도와 한 끼 금식, 말과 행위의 절제를 훈련함은 한 해를 그리스도 안에서 잘 살아가기 위한 내공을 쌓는 일이기도 하다.

새벽, 차가운 교회 의자에 앉아 덜덜 떨며 기도하고 집으로 들어와 현관문을 여는 순간 온몸을 감싸는 따뜻함. 추위에 떨어보지 않은 사람은 알 수 없는 황홀한 온기. 그러면서 드는 생각은 내가 너무 편하게 살고 있는 건 아닌가.

화상으로 목발을 짚고 다닐 때 비로소 평생 목발에 의지해 살아야 하는 사람들의 고통이 내게 오버랩되었다. 조금만 움직여도 쉬이 피곤해지는 탓에 대부분의 저녁 시간을 누워서 보내면서 그때서야 반쪽으로 사는 남편을 이해할 수 있었다.

너무 편한 것은 우리들로 하여금 이웃의 고통에 반응할 수 있는 센서를 망가뜨린다. 그래서 우리는 편리함이 지나치지 않도록 늘 경계해야 한다. 고통은 우리로 하여금 다른 차원의 삶을 볼 수 있게 해주는 안내자이다.

그리스도인들에게 사순절은 바로 고통을 적극적으로 수용하고 받아들이는 시기이다. 또한 그 고통을 축제처럼 받아들이

는 기간이기도 하다. 오히려 성탄절보다 더 큰 의미의 절기라
고도 한다.

사순절을 잊었는가. 우리 안에 사순절을 부활시키자. 40일 동안
타율이 아닌 자율로 고통을 학습하자. 그리하여 부활의 날 아침
그 현장에 있던 사람들과 동일한 감격을 우리도 마음껏 누리자.

마태복음 12장 7절

나는 자비를 원하고 제사를 원하지 아니하노라 하신 뜻을 너희가
알았더라면 무죄한 자를 정죄하지 아니하였으리라.

교회 오래 다녔다는 사람치고 말이 많지 않거나 남을 쉽게 정
죄하지 않는 사람 찾아보기 어렵다. 기독교가 제 길을 찾지 못했
거나 예수 그리스도의 말씀을 제대로 이해하지 못했다는 증거일
게다. 아니면 좁은 길 대신 쉬운 길에 편승했거나…

바리새인들처럼 종교적으로 온전히 열심이면서 다른 한편으
론 율법의 단선적이고 무모하기까지 한 추종을 넘어 상생을 향
한 통전적 이해를 동시에 추구하는 것이 결코 쉬운 일은 아니다.

그럼에도 예수 그리스도는 온유함과 겸손함으로 나를 따르라

고 말씀하신다. 이러한 판단을 할 수 있는 지혜는 하늘로부터 온다. 나의 짧은 생각과 소견으로 진리를 움켜쥐고 있으면 나는 언제나 나보다 약한 자를 향해 정죄의 칼날을 들이댈 수 있는 것이다.

내 부모님 세대는 종교적 열심은 있으나 바리새적인 율법 해석에서 벗어나지 못해 늘 당신 자신들과 다른 사람을 정죄하느라 너무 많은 에너지를 쏟아버렸다. 그것은 정말 스스로 진 무거운 멍에다.

예수 그리스도는 말씀하셨다. 내 멍에는 가볍다… 오늘 새벽에 주신 하나님의 말씀 마태복음 12장 7절을 읽으면서 정신이 번쩍 났다.

나도 얼마나 이러한 오류를 많이 범했던가… 그러나 안골의 삶 속에서 다시 만난 내 남편의 실존은 바리새적인 인간으로부터 나를 점점 객관화시키는 전기를 마련해주었다.

무죄한 자를 정죄하지 말라. 너희 중 죄 없는 자가 이 여인을 돌로 쳐라. 내 삶이 온전을 향해 나아가려면 내 옆에 있는 사람과 내 이웃을 나의 고정관념과 선입견이 철저히 배제된 상태에서─그것이 종교적인 이유라면 더더욱─충만한 자비심을 가지고 온몸으로 껴안기를 주저하지 않아야 하리라.

주여, 제게 자비를 베푸소서. 당신의 말씀대로 살기를 원하나이다.

오늘 예배 직전까지 내 안에 있는 활화산이 폭발하기 일보직
전이었다. 주일 예배 전까지는 늘 고독하고 외로운 시간이다. 새
벽기도 후 공동체 식사 준비부터 교회 청소까지 그 누구 하나 도
와주는 사람 없이 이 모든 것을 혼자서 해야 하는 것이다. 당연히
내 일이라고 생각하면서도 한편으로는 부화가 난다. 10시가 다
되어서도 일어나지 않는 희원이를 보며 화를 쏟아낸다. 뱉어서
는 덕이 되지 않는 푸념도 덧붙이며…

"정말이지 힘들어서 못살겠다. 못살겠어."

속으로 후회를 하면서도 기어이 뱉어낸다. 교회와 사택을 수
차례 오간 끝에 희원이가 뭐 도와드릴 것 없느냐고 눈치를 보며
묻는다.

"아침밥 챙겨먹고 채원이 단도리나 잘하고 예배에 늦지 않게
와!"

남편에게도 좋은 톤으로 말이 나올 리 없다. 나는 조급해진 마
음을 달래려 숨을 천천히 들이쉬며 예배당을 향한다. 목양실에
서 남편에게 뭘 좀 물으려는데 박 집사님이 오셨다고 했다. 건축
일 때문에 2주 동안 뵙지 못했었다. 박 집사님께서 환한 미소로
맞아주시는데 그렇게 반가울 수가 없다. 나 역시 웃으면서 오랜
만에 뵙는다고 악수를 청했다. 마음이 환해진다.

성도님들이 한 분 두 분 예배당에 들어오시면서 예배당 안은

성스러운 기운들로 가득 찬다. 찬송을 부르면서 내 영혼은 점차 명료해짐을 느낀다. 저 밑바닥에서 은혜가 차오른다. 하나님 마중 기도와 참회의 기도 시간 중 눈에서 눈물이 흐른다.

얼마 전 화상 치료를 받으러 갔는데 그런 얘기를 들었다.

"자신이 진 짐이 너무 무거워 밑도 끝도 없이 막막함을 느끼고 계시지요?"

순간 뜨끔했다. 화상 이후 정말 그런 생각을 하면서 아득해한 적이 있다. 만약 예수를 믿지 않았으면 상상할 수 없는 그런 삶을 나는 살고 있는 것이다. 참회의 기도 시간에 그 문구가 순간 떠올랐다. 자신이 진 짐이 너무 무거워…

'하나님, 제가 진 짐이 정말 무거워요.'

눈물과 함께 내 안에 절망이 차오르는 것이 아니라 새 힘이 솟아나는 것을 느낀다. 이것이 그리스도의 역설적 신비가 아닐까? 오늘은 김정수 집사님이 아름다운 특송을 해주셨다. 공동체 식사 속에서도 그리고 아직은 어설프지만 다음 주에 부를 특송을 연습하는 성도님의 목소리에서도 힘을 얻는다. 예배가 끝나고 성도님이 모두 집으로 돌아간 후 나는 남편에게 얘기한다.

"주일 예배가 보약이네 정말…"

어제 저녁까지만 해도 온몸이 쑤시고 아파서 내일 잘못하면 예배 인도도 못할 것 같다고 걱정했던 남편도 전적으로 동의한다.

"나도 아주 몸이 날아갈 것 같아. 진짜 보약이 따로 없네…"

희원이는 공동체 식사 준비하느라 쌓인 설거지를 두 번이나 해주고 기숙사로 돌아갔다.

그러면서 고맙다고 보낸 내 문자에 이렇게 답해왔다.

"엄마가 맨날 너무 고생하는데 내가 기숙사에 있느라 많이 못 도와줘서 미안해요…."

예배 전, 의처증이 심해진 남편 때문에 고통 받는 집사님을 상담하고, 이 글을 쓰기 직전까지는 자정이 다 되도록 내일이면 부도 위기에 있는 집사님의 눈물 섞인 삶의 이야기를 들으며 같이 기도하고 위로했다. 하나님의 도구된 삶이 고달플 수 있지만 얼마나 아름답고 가치있는지를 새삼 깨닫는다.

주일 예배를 통하여 영적으로 충전하지 못하면 단 하루도 살 수 없는 존재가 바로 우리들이다.

남편의 설교를 가만히 듣고 있으면 우리는 영원한 마이너리티일 수밖에 없다는 생각이 든다. 성공과 부흥에 관한 주제는 아예 없고 늘 침묵과 무겁기 그지없는 근원적, 존재적 물음만을 던진다. 요즘 사람들은 질문을 싫어한다. 생각하는 것도 싫어한다.

"어떻게 해, 그렇게 생겨먹은 걸…"

어려운 말을 잘 이해하지 못하는 할머니 할아버지 성도님들이나 침묵을 통한 구원의 현재성이란 단어를 쉽게 표현할 줄 모르는 목회자나 서로 힘들기는 마찬가지일 게다.

그렇다고 남편에게 편법을 쓰거나 쉽게 가라고 이야기할 수도 없다. 남편은 그게 더 힘들고 그 길을 잘 모르는 사람이다. 나 역시 편한 길을 택하지는 않을 것이다. 살면 살수록 좁은 길이 눈에 보인다. 더 좁은 길을 가야 한다 해도 그저 걸어야 한다. 다른 길은 없다.

때때로 영원한 소수로 남는 현실에 막막함이나 두려움이 엄습한다. 그러나 결국 나는 묵묵히 남편의 길을 따라갈 것이다.

영원한 소수로서의 최선을 다할 것이다.

거의 일주일 동안 방학 아닌 방학을 보낸 희원이가 기숙사 들어가는 짐을 싸면서 그런다.

"엄마는 좋겠다. 맨날 집에 있어서…"

오늘 아침 새벽같이 일어난 채원이가 어제 못 끝낸 그림일기를 쓰면서 또 그런다.

"엄마는 좋겠다. 학교 안 가서…"

쩝… 뭐 엄마는 집에 있어도 무지무지 바쁘다,라고 엉겹결에 똑같이 답하기는 했어도 사실 아이들이 부러워할 만하다.

집에 있으면 정말 좋기 때문에!!!

어제 예배 끝나고 심방을 다녀온 후 정영규 성도님께 전화가
왔다.

"왱겨(왕겨) 챙겨놨어, 얼른 가져가유…"

"아… 감사합니다. 이따 가지러 갈게요."

그런데 갑자기 이웃교회 사모가 목욕 가자고 해서 급하게 챙
겨서 가느라 성도님께 전화드리는 걸 깜빡했다.

목욕 마치고 깜깜해서 집에 들어오는데 또 핸드폰이 울린다.

"지금 어디여? 왱겨 때문이 아니구 쌀 40킬로 방아쩌놓은 거
가지고 가라구. 내가 내일 집에 없어서 그래… 늦더라도 꼭 우리
집 들러요."

낮에 예배 끝나고 음식물 쓰레기 두엄 만들 왕겨를 좀 부탁드
렸더니 말이 떨어지자마자 챙겨놓으신 모양이다. 게다가 다음주
에 큰 행사가 있다고 하니 마음에 걸리셨는지 또 이렇게 쌀을 주
신단다.

캄캄한 밤, 쌀을 교회까지 들어다주신다며 또 쫓아오셔서는 팔
순 넘으신 분이 젊은이들도 못 드는 쌀 40킬로를 들었다 놓았다
하시고… 다시 집까지 모셔다드리고 오는 길에 마음이 짠하다.

늙지 않으셨으면 좋겠다. 저렇게 계속 건강하셔서 오래오래
뵐 수 있었으면. 만약 팔순 넘으신 우리 안골 성도님들이 돌아가
신다면… 언젠가 그러시겠지만 정말이지 대성통곡할 것 같다.

매주 어디 아프다고 결리다고 말씀하시면서 그래도 웃는 낯으로 손이라도 잡고 등허리라도 쓰다듬은 시간이 새록새록한데. 그렇게 조금씩 자주 쌓인 정과 사랑이 더 무서운 것 같다. 오늘따라 연로한 성도님들의 얼굴이, 그분들의 자취가 그 어느 때보다 진하게 느껴진다.

채원이는 뭐가 될까?

여름방학 중인 채원이는 정말이지 틈만 나면 그림을 그린다. 어떻게 그렇게 자나깨나 그림을 그릴 수 있는지 참 신기하다. 요즘 부지런한 엄마들 같으면 일일이 아이들이 그린 그림을 사진 찍어 블로그에 올릴 텐데 게으른 나는 그저 감탄만 하고 지나간다. 그러면서 한편으로 요런 걸 좀 잘 모아두어야 할 텐데… 그런다.

이제 겨우 한 학기 학교 다녔을 뿐인데 벌써 미술대회에 두 번씩이나 나갔다. 그러면서 그림 그리는 모양새가 틀려진다. 워낙 동물을 좋아해서인지 개와 고양이, 사자, 양 등의 특징을 잘 파악해서 그린다. 지금 사자 가족 그림을 그리고 있는데 다 완성되면 코팅을 해서 걸어놓을 생각이다. 그림에 다 스토리가 있고 표정들이 정말 재밌다.

채원이는 그림을 그리지 않으면 책을 읽고 있다. 그러니까 그림도 만화가처럼 시리즈로 그리기도 한다. 어디 놀러가자고 하면 집이 제일 좋다며 집에 있고 싶단다. 제일 조그만 녀석이…

요즘 최고의 관심사가 뭐냐고 물으니 우리 집 다섯 마리의 퍼그와 세 마리 고양이의 건강상태라고 한다. 날마다 아니 하루에도 몇 번씩 고양이 한 마리씩 쓰다듬으며 상태를 살핀다. 도둑고양이가 침입하기 시작했기 때문이다. 흰 고양이 코코 옆구리에 난 상처를 발견한 것도 채원이다. 새로 태어난 강아지들이 낑낑거리는 소리만 내도 번개같이 뛰어나간다. 그래서 집에 하루 종일 있어도 심심할 새가 없다.

심부름도 잘 해주고 엄마 요리 도와주는 일이나 설거지까지 자청하는 이 어린 꼬마가 앞으로 뭐가 될지 참 궁금하다. 채원이는 정말이지 내 뱃속으로 난 자식이 아니라 하늘에서 나를 위해 보내준 천사 같다. 영혼이 맑은 채원이로 말미암아 나는 한 존재가 주는 행복이 얼마나 원대한지를 깨닫는다.

쪽방촌 할머니

연일 상상도 못한 무더위가 계속되고 있다. 더불어 쪽방촌 할머니들이 폭염을 견디지 못하고 실신, 급기야는 돌아가시는 일들이 계속 뉴스에 보도된다.

내가 사는 사택의 경우도 한낮에는 39도까지 올라가 에어컨이 없으면 거의 숨도 쉬지 못할 지경이다. 그래서 몇 년 전 형님네서 가져온 중고 에어컨을 쓰다가 다음해에 완전히 고장나 어쩔 수 없이 새로 사서 무더운 여름 요긴하게 잘 쓰곤 했는데… 며칠 전부터 에어컨을 켤 때마다 쪽방촌 할머니들이 생각나 마음이 편치 않은 것이다.

그래서 묘책을 냈다. 화장실 큰 고무통에 미지근한 물을 받아놓고 더울 때마다 들어갔다 나왔다 하면서 자연적으로 체온을 조절하며 에어컨 사용을 줄이고 있다.

나이가 들어가는 탓인가… 뭘 좀 많이 먹는다 싶으면 아프리카에서 굶어 죽어가는 아이들이 떠올라 목이 캑하니 막히고, 이 더운데 걸어 다니는 사람들을 보면 에어컨 틀어놓고 차타고 다니는 게 무지 부끄럽고 그렇다.

하늘을 우러러 한점 부끄럽지 않게 살 날은 언제나 오려나…

부르더호프 공동체. 지구상에 남은 공동체 마을 중 초대교회의 이상적인 모형을 바탕으로 오랜 세월 그 명맥을 지켜오고 있는 기독교 공동체이다.

오늘 이야기하고 싶은 요지는 방대한 공동체 시스템이 아니라 부르더호프 공동체의 방마다 걸려 있는 유일한 금언金言에 관한 것이다.

'절대 남이 없는 곳에서 험담하지 말고, 할 말을 상대에게 직접 솔직히 하라'는 것이다. 서로서로 이것만 지켜도 공동체는 성공적으로 유지될 수 있다는 의미일 것이다. 이간질이야말로 오해와 불신을 낳으며 관계를 파괴하는 악한 행위다. 요즘 나도 절실히 느낀다.

살면서 나 역시 남 없을 때 험담을 한 적이 많다. 때때로 정면으로 맞닥뜨리기 어려운 경우도 느낀다. 결국 용기가 없어서일 것이다. 비겁한 행동이다.

그 어떤 경우에도 솔직하게 직접 얘기하는 것의 중요성은 아무리 강조해도 지나침이 없을 것 같다. 이들의 금언을 오늘 내 맘에 다시금 꼭꼭 새겨넣으리라.

그 옛날 숭실고에서 내 수업시간의 수업목표 중 하나였건만 왜 이다지 이 말이 새삼스러운 것인가.

어릴 적 나는 대가족 식구들 속에서도 외로웠다. 호기심 그득한 눈으로 바라본 온실 밖 세상은 온통 찬란한 빛. 그러나 머잖아 그 찬란한 빛에 가려진 어둠의 실체를 온몸으로 겪어내야 했다. 외로움이 싫어 일찍 결혼을 했다. 그땐 몰랐는데 지금 생각해보니 그렇다.

안골 와서 10년 동안 쌓인 내공이라 함은 적막함을 견디다 못해 결국 사랑해버린 것. 더불어 숙성된 사과의 깊은 맛도 알게 되었다.

4부

열매

2011-2017

사랑과 진실이 만나고,

정의는 평화와 서로 입을 맞춘다.

진실이 땅에서 돋아나고,

정의는 하늘에서 굽어본다.

주님께서 좋은 것을 내려주시니,

우리의 땅은 열매를 맺는다.

—시편 85: 10~12

신이 쉼표를 넣은 곳에
마침표를 찍지 말라

향후 10년의 패러다임 전환

교회 보일러 공사와 창고방 보일러 공사를 시작으로 창고방 단열시공, 도배, 그리고 거실 천정 도배와 바닥재 공사… 수천 권 책의 대이동과 수많은 먼지, 끝없는 청소, 버림, 정리…

한 달 동안 계속되는 이 거대한 혼돈 속에서 정신을 잃지 않고 버티는 것은 지금 하고 있는 이 작업이 바로 안골에서 또다른 창조적 10년을 살아내기 위한 필연적인 구조조정이기 때문이다.

컨텍스트^{context}는 텍스트^{text}를 변화시킨다. 안골살이 10년. 그 동안 어쩔 수 없이 혹은 불필요하게 쌓인 불순물들을 총체적으로 정리할 시간이 온 것이다. 결국 정리하다보니 우리에게 가장 필요한 것은 책과 화초뿐.

한 달에 걸친 이 대장정은 그동안 생각은 있어도 미처 손보지 못했던 부실했던 집안 구석구석을 꼼꼼히 점검하는 계기가 되었다. 뿐만 아니라 단열공사와 도배를 친척분과 함께 하면서 그리고 전문 시공자들의 작업과정을 꼼꼼히 살피면서 생활에 필요한 수많은 통찰과 요령, 지식을 습득하는 시간이기도 했다.

육체노동을 통해 일의 순서와 과정을 배우는 것은 대단히 유익하다고 생각한다. 모든 것에서 그리고 모든 사람들에게서 배울 수 있다는 것 또한 매우 기쁜 일이다. 몸은 지치고 힘이 들지만 하루하루 애벌레가 탈피를 하여 아름다운 나비가 되어가는 과정을 보는 느낌이다. 아이들도 완전히 다른 집에 온 느낌이라고 좋아한다.

새로 다가올 안골에서의 10년은 끊임없는 배움과 공부, 그리고 배움의 나눔으로 이어질 것이며 안골 예배당은 예수를 몸과 마음으로 배우는 도량으로서의 역할을 감당하게 될 것이다.

장자^{莊子}가 굶으면서도 후학 양성을 게을리 하지 않은 것에 감동을 받은 적이 있다. 나도 그런 자세로 내 남은 삶을 살길 원한다.

이 모든 혼돈이 정리되는 날, 그때는 몸 구석구석 찌든 때를 빼러 목욕탕에 가야겠다.

사랑은 어디서 와서 어디로 가는가

사랑은 물처럼 흐른다. 물은 항상 위에서 아래로 흐르지만 사랑은 위에서 아래로 혹은 아래서 위로, 결국 사방으로 흐른다.

10년 전 처음 안골에 내려왔을 때 우린 빈털터리였다. 서울에서 전세 대출금을 갚고 나니 남는 게 없었다. 안골에 와서 다 끊어진 전기, 수도 고치고 군데군데 수리하고 도배하고 나니 몇 푼 되지 않는 통장의 잔고도 마이너스를 향해 가고 있었다. 그러나 서울에서 신용카드와 핸드폰도 없애고 온 상태라 뭔가 돌려막을 방법도 없었다. 쌀이 떨어질지도 모른다는 상상은 하고 내려왔지만 정말 쌀이 떨어지는 상황을 맞닥뜨리게 될 줄은 몰랐다. 쌀이 떨어지던 날 아침, 현관 앞에 20킬로 쌀이 떡 하니 놓여 있었다. 우리는 그 이후로도 오랫동안 그 쌀이 어디서 왔는지 몰랐다.

안골에서의 기적은 바로 그 지점부터 시작되었다. 그 이후로 우리는 하나님이 보내주신 수많은 천사들의 도움으로 지금까지의 삶을 꾸려오고 있다.

나는 사랑에 빚진 자라는 고백을 하지 않을 수 없다. 그래서 기회가 되는 대로 내가 할 수 있는 최선을 다해 도움이 필요한 누군가에게 빚을 갚으려고 노력하고 있다.

수도사가 되는 과정을 그린 한 다큐를 본 적이 있다. 수도사가 되기 위한 마지막 관문에는 무전여행이 포함되어 있다. 침낭 하나 외엔 아무것도 가질 수 없다. 매 끼니는 누군가에게 구걸해야 하는 것이다. 젊은 예비 수도사는 수십 킬로를 걷다가 시골의 아무 집이나 들어가 밥 좀 주실 수 있느냐고 떨어지지 않는 입을 겨우 떼어 부탁한다.

멀쩡하게 생긴 젊은이가 불쑥 들어와 밥을 달라니 어이가 없을 법도 한데 시골 아주머니는 찬이 없다며 라면 한 그릇을 푸짐하게 끓이고 고봉밥을 내온다. 젊은 수도자는 게 눈 감추듯 그릇을 뚝딱 비워낸다. 감사하다고 몇 번을 절하고는 그 집을 나오며 사랑에 대해 생각한다. 거저 받는 사랑. 받을 수 없다면 또한 줄 수도 없는 그 사랑에 대하여, 조건 없는 사랑에 대하여, 그 사랑을 베푸시는 신에 대하여…

기적은 기꺼이 비워내야 체험된다. 적어도 내 경우는 그랬다. 예를 들어 손님이 오면 아낌없이 정성껏 대접한다. 비록 내 먹을 것 없이 냉장고가 텅텅 빌지라도… 놀랍게도 며칠 있으면 텅 빈 냉장고가 가득 차 있다. 안골 살면서 정말이지 수도 없이 겪은 소소한 기적 중 하나다. 사랑은 받는 것보다 베풀 수 있을 때 더 행복한 것 같다. 나나 남편 역시 그동안 그 누군가에게 베풀 수 있는 행복을 제공해왔다. 때론 그것이 부담스럽기도 했지만 감사함으로 받을 때 그 기쁨은 서로에게 배가 됨을 결국에는 깨달았다.

사랑은 그렇게 파도처럼 흘러간다. 서로 주고받으며 저 넓디넓은 바다를 향해 흘러간다. 이 위대한 사랑의 바다에서 우리는 모두 하나임을 깨닫게 될 것이다.

벅찬 가슴으로, 서로의 손을 맞잡으며…

꽃이 내 마음에 조용한 혁명을 일으키다

마당에 나가니 사철장미의 향기가 가득하다. 향기에도 색깔이 있다. 연한 분홍색. 그 향기가 아침부터 내 마음을 흔들어놓는다.

2011년의 봄은 한 달 늦게 오는 바람에 5월에 피어야 할 장미들이 6월이 되어서야 꽃망울을 터뜨린다.

어디 장미꽃뿐이랴… 스스로 알아서 핀 수많은 이름 모를 야생화와 소담하고 눈부신 찔레꽃, 황홀한 보라의 붓꽃, 지고는 있지만 여전히 고고한 인동초, 바닥에서 보석처럼 반짝이는 노란 야생 꽃잔디와 돌나물꽃. 게다가 빠알간 넝쿨장미와 노란 장미들마저 매혹적인 자태를 드러내니 넋이 나갈 정도다.

보기에 흡족하다. 마음속에 '그냥 좋다'는 느낌이 충만하다 못해 풍선처럼 부풀어 터질 지경이다. 하나님께서 세상을 창조하시고 보시기에 좋았더라,라고 하신 말씀이 바로 이 느낌이 아닐까… 문득 그런 생각이 들었다. 언제 내가 무엇으로 이렇게 흡족한 적이 있었던가.

자연 속에 충만한 하나님의 거룩한 영은 푸르름으로 혹은 화려함으로 혹은 메마른 여백으로 우리의 마음을 선하게 가득 채워주신다. 조용히 소리 없이 존재하는 것들로 우리는 세상에서 경험해본 적 없는 깊은 충만함에 젖어드는 것이다.

요즘 여기저기 낙서하는 버릇이 생겼다. 꽤 재미있다. 얼굴을 간지르는 산들바람과 수많은 꽃들의 향연에 취한 나는 정원 한

돌팍에다 이렇게 끄적거린다.

성취하려 말고 존재하라.

꽃을 보고 꽃향기를 맡으며 여리디 여린 꽃잎을 손끝으로 느끼며 오늘 지금 나는 이곳에 존재한다.

하늘이 내 마음에 들어오다

서울 살 때 나는 하늘을 쳐다보지 않았다. 하늘에 관심이 없었다. 멍한 시선은 언제나 사람들에게 머물렀다. 저런 옷을 입고 다니는 사람은 도대체 무슨 생각을 하며 살까, 자기가 멋있는 줄 알고 쳐다보는 거라고 생각하냐? 착각은 자유…

사람을 향해 시선을 던지면서 머릿속으로는 쓸데없는 분석을 쓰레기처럼 끄적거렸다. 답답했다. 뭔가 모르게 답답했다. 퇴근길… 늘 콩나물시루 같은 버스에 매달려 담배 냄새나는 추레한 아저씨의 거친 콧바람을 따갑게 귓불로 느끼며 빨리 집에 도착하기만을 절박하게 바랐던 나날들.

그때 내게 유일하게 위안을 준 것은 한강이었다. 늘 강의 남쪽과 북쪽을 오가며 맞닥뜨리던 강. 강물을 볼 때마다 나는 눈을 감고 바다를 상상했다. 바다를 간다는 것조차 꿈꿀 수 없었던 바쁜 일상.

안골에 처음 발을 내디뎠을 때 나는 하늘이 그렇게 가까운 곳에 있는 줄 몰랐다. 그때도 이렇게 파란 하늘에 하얀 구름이 한껏 부풀어 올랐었다. 나는 나도 모르게 하늘을 향해 손을 뻗었다. 구름이 잡힐 것 같았다. 너무 신기했다. 내 머리 위에 이렇게 아름다운 하늘이 있다는 것이… 눈물이 날 정도로 파아란 하늘. 처음으로 하늘의 존재를 느끼기 시작했다. 그때부터가 아니었을까.

나는 늘 하늘을 본다. 아침에도 하늘을 보고, 저녁에도 하늘을 본다. 내일 날씨가 궁금할 때도 하늘을 보고, 저녁노을이 온 하늘을 덮을 때도, 눈부신 햇살이 맑은 하늘에 보석처럼 뿌려질 때도, 아침녘 동틀 때도…

딸아이들과의 대화 속에서도 하늘은 늘 중요한 주제가 되었다. 하늘이 얼마나 많은 얼굴을 가졌는지 안골에 오기 전엔 미처 몰랐다. 하늘이 얼마나 많은 것을 이야기하고 있는지, 하늘이 얼마나 다채로운 색을 가졌는지도…. 나는 딸아이들에게 세상에서 가장 위대한 미술교사는 하늘이라고 말한 적도 있다.

오늘도 문득 마당을 나선 순간 하늘이 내 마음에 들어왔다. 하늘은 내 눈을 통해 가슴으로 들어와서 너른 창공의 파란 여백을 남기고 다시 하늘로 돌아간다.

믿는 자식 있고 예쁜 자식 있다

오늘 빨래를 개면서 우연히 들은 드라마 대사가 귀에 맴돈다.

"믿는 자식 있고 예쁜 자식이 있잖아요, 어머니…"

"그려… 애비는 내 기둥이여, 그 녀석은 아픈 손가락이고."

곰곰이 생각해보니 나도 그렇다. 큰딸은 친구처럼 맨날 툭탁거리지만 늘 마음속엔 산과 같은 믿음이 있다. 그 녀석도 그걸 아는 모양이다. 눈치가 100단이다. 바쁘거나 힘들 때 혹은 아플 때 나의 일은 자동적으로 큰딸의 몫이 된다. 자식에게라도 불필요한 짐은 안 지우려고 노력하지만 때론 부러 팔쥐 엄마처럼 시키기도 한다. 일머리가 없으면 남을 고생시키기 때문이다.

예쁜 자식은 둘째다. 오죽하면 내가 세상에 태어나서 가장 잘한 일이 채원이를 낳은 일일까. 그저 뭘 해도 예뻐! 그러나 이 녀석은 왠지 늘 안쓰럽다. 모든 걸 작은 가슴에 묻는 녀석. 집에서는 막내인데 마음은 우주다. 아파도 잘 내색하지 않고 조용히 다가와 내 어깨에 입을 맞추고 늘 엄마 미간이 구겨져 있는 순간을 놓치지 않는다. 뭘 갖고 싶은 것도 단번에 얘기하는 법 없고 떼쓰지 않고 항상 조심스럽게 청한다. 차라리 땡깡이라도 부리면 마음이 더 편할 텐데…

나는 내 부모에게 어떤 자식일까. 잘 산다고 해도 그저 늘 아픈 손가락이지 않을까.

전엔 친정부모님 생각만 해도 눈물이 났지만 지금은 그렇지 않다. 내 삶이 남보다 특수하거나 더 어려운 것이 결코 아니라는 사실을 깨달았기 때문이다. 인간은 모두 이 땅에서 자신의 몫이 있고 그 몫을 아름답게 감당하면 되는 것을…

부모라면 자식에게 할당된 그 몫 역시 자연스레 받아들여야 하는 것이다. 그것이 인생이다. 잠깐 지나가는 드라마 대사 한 자락이 많은 것을 생각하게 하는 밤.

편지

화장실에서 세수하고 나오는데 채원이가 종이 한 장을 손에 쥐고 눈물을 뚝뚝 흘리고 있다. 깜짝 놀라서 그 종이를 펼치니 희원이가 서울 올라가면서 제 동생에게 보낸 편지였다. 그걸 보며 채원이가 얼마나 우는지 나도 눈시울이 뜨거워졌다. 그래도 피붙이라고…

겨울 내내 서로 붙어 있으면서 핫케이크도 만들어 먹고 산책도 하고 드라마도 같이 보고 하더니만 서울에 올라간 언니의 빈자리가 어지간히 큰가보다. 한참을 울다 언니와 전화 통화하면서 또 울고 언니 소리만 나도 울다가 지금 아빠랑 드라마 보며 우는 걸 잊고 있다.

희원이가 채원이에게 보낸 편지의 전문全文은 아래와 같다.

나의 사랑하는 동생, 하나뿐인 내 동생, 이 세상에서 가장 소중하고 너무나도 사랑하는 나의 동생 채원아. 드디어 이 책상을 온전히 너에게 주는구나.

언니가 고등학교 3학년이라고 해놓고 매번 이런저런 특권을 당연한 듯이 요구했음에도 불구하고 욕심 없이 양보해주던 너에게 늦게나마 마음을 다해 고마움을 전한다.

언니는 참 욕심이 많은데. 우리 애기는 욕심도 없고 순종적이고. 언니가 우리 애기한테 오히려 배울 점이 너무 많아. 그래서 항상 미안하고 고마워~ 하트 백만개로도 모자르당.

울애기~ 이제 언니는 일주일의 대부분을 서울에서 보내게 될 거야. 그러니까 혹시 갖고 싶은 것이라든지, 필요한데 엄마, 아빠에겐 쓸데없는 것이라고 생각될지도 모르는 것이 있다면 여러 가지 언니한테 문자해! 서울에 있으니까 구하기 쉬울 거야 ㅎㅎ

항상 건강하고 좋은 일만 있기를 기도할게. 우리 하루에 한번씩 꼭 통화하자!

책상 제대로 못 치워주고 가서 미안해~~ 언니가 곧 깔끔히 치워서 울애기 공부하게 해줄게. 긴 편지 읽느라 수고했구 사랑해 채원이 사랑 사랑 또 사랑해 채원이~

고양이 새끼들의 죽음

오늘 창고를 치우다가 코코와 마주쳤다. 이 녀석이 여긴 웬일 인가 했더니 여기저기 죽은 새끼 고양이들이… 지붕에 있어야 할 새끼들이 창고에서 죽어 있다?

이유는 모르겠으나 죽은 제 새끼를 핥고 있길래 부리나케 화 단을 파서 어린 고양이들을 묻었다. 정말로 살았으면 인형같이 예뻤을 녀석들… 채원이도 나도 묵묵히 죽음을 받아들였다. 전 같으면 괴성을 지르거나 울거나 했을 텐데…

야생의 세상에선 이유를 묻지 않고 삶과 죽음을 받아들인다. 어린 채원이는 제 언니와 달리 그것을 너무나 자연스럽게 받아 들인다. 무봉리 출신답게…

안골에서 살고 싶어요!!!

해마다의 연중행사… 올 2012년에도 어김없이 희원이 고교 동 창들이 안골에서 1박 2일 묵고 갔다. 시골의 청소년들이 마땅히 놀 곳이 없어 여기저기 헤매고 다니는 게 딱해 안골에서 맘껏 놀 수 있는 장을 만들어주자고 시작한 것이 희원이 중학교 때. 예배당이 지어지기 전부터니까 벌써 7년째가 되나보다. 아이들은 늘 안골을 좋아했다. 대학생이 된 친구들이 여전히 안골을 좋아한다고 희원이가 전한다.

"엄마, 친구들이 안골에서 살고 싶대…"

고등학교 때부터 아이들은 저들이 알아서 장을 봐서 먹고 싶은 것들을 직접 만들어 먹고 나는 그저 이부자리와 간식만 챙겨주면 그만이었다. 만나서 먹고 수다 떠는 게 일이지만, 그냥 같이 있다는 것이 그리도 좋은가보다. 그러고도 이야기하느라 또 밤을 샌다. 대학생활이 시덥지 않은 모양들이다. 친구 만나기도 어렵고…

안골에 모인 스무살 처녀들은 밤새 사업구상을 했단다. 예산에 독서실을 낸다나… 쯔쯔쯔… 그래서 내가 끼어들었다. 안골에 펜션 짓고 카페 만들기, 그 옆에는 샌드위치 전문점, 그리고 핸드메이드 옷가게… 내가 제안한 사업이다.

꽃집과 동물원을 하고 싶어하는 채원이가 안골 구석구석을 아름다운 꽃과 사랑스런 동물들로 채워줄 것이다. 운송수단은 마차… 말이 어려우면 골든 리트리버 잘 키워서… 옆에 있던 채원이가 더 신났다. 두 마리로 해야 해, 엄마. 안골 승강장 앞에 가만히 앉아 있으라고… 생각만 해도 멋진 일이다. 안골 목공소, 안골 출판사, 안골에서 직접 만든 천연염색 옷(면과 마로 만들되 노동하기 좋은 형태로)…

아이들이 안골을 좋아하는 이유는 안골이 지리적으로 기가 막힌 환경을 가졌기 때문이다. 소나무 가득한 뒷산에 눈앞으로는 쫙 펼쳐진 예당저수지. 배산임수의 지형이라 오래 머물러도 답답하지 않다. 그리고 큰길에서 한참 동떨어져 있어 외부로부터의 삿된 기운도 차단된다(시골에도 잡상인이 무지 많은데 몰라서 못 들어온다).

바로 코앞의 저수지 덕분에 물이 풍부하고 백로들의 놀이터가 펼쳐진다. 전업농지이고 상수도 보호지역이기 때문에 앞으로 산업화될 확률이 제로다. 그리고 무엇보다 영적 센터인 안골교회가 있다.

풍수지리가 미신이라고 아는 그리스도인이 많은데 상식적이고 과학적으로 생각해도 사람이 살기 좋은 자연형태는 분명 존재한다. 시골이라고 다 살기 좋은 것은 절대 아니다. 교회가 위치한 곳은 언덕이라 통풍이 잘 되고 시야가 확 트여 읍내에 나가지 않아도 세상 답답한 것을 모르겠다. 창조적 기운을 날마다 일으키는 지형이다.

이 비밀스러운 땅을 예비해두신 하나님께 무한 감사드린다. 그동안 수많은 사람들이 안골에 땅을 보려고 기웃거렸다. 그러나 대부분의 사람들이 자신의 수지타산을 맞추느라 결단하지 못하고 어영부영 무성한 소문만 퍼뜨리다 떠나버렸다.

다행이다. 가나안 땅에 서 있어도 가나안 땅인지 모르는 자들에게 은혜는 더이상 은혜가 아니다. 만약 내게 돈이 있다면 올인을 할 만한 무한가치가 있는 땅… 그러나 돈은 나의 몫이 아니다.

내 역할은 지기일 뿐.

안골의 땅은 공공의 선을 향한 마음을 가진 자가 사야 한다. 왜냐하면 이곳은 하나님의 땅이기 때문이다. 앞으로 놀라운 역사를 이룰 곳이기 때문이다. 그래서 이렇게 시간이 걸리는 것이다. 하나님께서 그 중심을 헤아리시고 가장 필요한 자를 찾고 계신다.

오, 그 놀라운 역사의 물꼬를 맨 처음 열 이는 과연 누구인가.

딸과의 대화

내일이면 가을 학기를 맞아 희원이가 다시 대학 기숙사로 돌아간다.

"식기세척기, 떠납니다~~"

뭔 말인가 했더니 하루에 한 번 이상은 설거지를 도맡아 했다며…

오후에 기숙사로 보내는 마지막 짐을 택배로 보내고 늦은 점심을 식당에서 먹었다. 소소한 여러 이야기를 나누는 끝에 희원이가 하는 말.

"역시 부모님이야말로 위대한 스승이에요."

친구들은 상담자로 선배들을 찾아가는 경우가 많은데 자기는 선배들 찾아갈 바에는 엄마, 아빠에게 얘기하는 게 훨씬 더 낫다고 생각한다는 것이다. 보통 애들은 대개 부모님과 의사소통이 되지 않는다고 했다.

희원이는 강릉에 다녀오고 나서 일련의 의식변화를 겪은 듯했다. 인천을 거쳐 강릉, 그리고 서울을 거쳐(결국 서울은 가지 못했지만) 돌아오는 가족여행 일정을 설명할 때까지만 해도 기숙사 가기 전에 너무 무리한 일정이라며 투덜거렸다.

나는 가족여행의 중요성과 그 안에서 어떤 태도를 갖는 것이 좋은가를 이야기했다.

그리고 늘 자신이 하는 말에 대해 성찰할 것을 권면했다. 부모와 친구처럼 지내다보니 부모에게 해서는 안 될 말이 무엇인지 경계를 갖지 못한 까닭이다. 희원이와는 그 문제로 인해 인천에서 강릉까지 가면서 또 강릉에서도 몇 번을 다시 이야기해야 했다. 강릉에서 하룻밤을 자고 난 뒤 그제서야 뭔가 이해한 듯 아이는 달라지기 시작했다. 강릉의 좋은 기운을 받아서인가… 가족여행의 필요성을 절감하는 순간이었다.

희원이는 성장하여 자신의 내면을 들여다보는 일의 중요성과 자신의 감정을 어떻게 표현해야 하는지를 알고 있다. 또한 부모를 점점 더 깊이 이해하기 시작했다. 회복 탄력성이 매우 좋은 아이로 앞으로의 행보가 기대된다.

늘 무엇을 성취하기보다는 어떤 존재인지 스스로에게 묻기를 딸에게 권면했다. 희원이는 좋은 엄마, 좋은 아내가 되었으면 좋겠단다. 좋은 엄마가 된다는 것이 참으로 중요하면서도 어려울 것 같다기에 계속 배워야 한다, 엄마는 아직도 자녀교육에 대해 공부중이라고 했다. 그리고 '뭐가 좋고 뭐가 싫어, 뭐는 안 돼'를 명확하게 구분지음으로 오히려 다가올 가능성을 차단하지 말고 네 생각을 매순간 내려놓고 바다처럼 넓은 마음으로 모든 순간들을 가능성으로 맞아들이라고 했다. 늘 하나님께서는 네 생각 너머에서 네가 상상할 수조차 없는 것으로 역사하시기 때문에… 희원이가 다 커서 반짝이는 눈으로 진지하게 경청하는 모습을 보니 기특하다.

다음 학기부터는 피아노도 열심히 배우겠단다. 또다시 펼쳐질 새로운 학기가 못내 기대가 되는 모양이다. 지난 학기 동안 감신대에서 가장 사랑받은 사람은 다름 아닌 '희원'이라는 친구의 얘기에 기분이 좋단다. 방학 때 집에서 정말이지 푹 쉬었나보다. 사기가 하늘을 찌른다.

딸이 커나가는 모습을 보는 것이 기쁘다.

자녀들은 나의 거울이다. 아이들을 키우면서 나 역시 많이 배우고 성찰한다. 내가 얼마나 부족한 엄마인지… 그들을 통해 나 역시 비틀거리면서도 중심을 잡으려 애쓰는 동안 도리어 내가 가진 것보다 더 큰 사랑을 배운다.

어젯밤에는 채원이가 고사리 같은 손으로 오랫동안 나를 안마해주었다. 희원이가 서울로 떠나면 이젠 채원이와 더 많은 대화의 시간을 가질 생각이다. 이 녀석은 천사처럼 투덜대는 법도 불평하는 법도 화를 내는 법도 없다. 그저 모든 것을 있는 그대로 받아들인다. 그래서 더 속을 모르겠고 그래서 더 부모로서 무심해지는 것 같다.

낙엽을 쓸며

요즘 아침에 일어나서 꼭 하는 일이 데크에 쌓인 낙엽을 치우는 것이다. 낙엽을 쓸고 있자니 문득 숭실고 교사 때 만난 청소부 아저씨가 생각났다.

가을 어느날, 출근길에 낙엽을 쓸고 있는 청소부 아저씨를 만났다. 끝도 없이 쌓여 있는 낙엽을 왜 치우실까? 아저씨가 쓸고 난 자리에는 또다시 낙엽이 쌓였다. 저리도 허무한 지경이 또 있을까… 가던 길을 멈추고 아저씨께 여쭈었다.

"아저씨…낙엽 보기 좋은데 왜 치우세요? 그리고 쓸어도 쓸어도 계속 떨어지잖아요?"

아저씨가 한숨을 쉬며 말씀하셨다.

"그러게요… 정말이지 가을이면 너무 힘들어요. 이 끝도 없이 떨어지는 낙엽 때문에… 그래도 이것들을 안 치우면 바람에 날려 거리가 몹시 지저분해지고 자칫 이슬에 젖을라치면 미끄러워 보행자나 차가 위험해질 수 있지요."

그러시면서 아저씨는 낙엽을 커다란 포대에 담으신다. 끝도 없어 보이는, 아무 쓸모없는 듯한 그 일을 묵묵히 하고 계셨다. 그 후로도 적지 않은 시간, 나는 낙엽을 쓸고 계시는 청소부 아저씨를 출근길에 만났다.

아저씨를 만난 그날, 내 마음에는 잔잔한 공명共鳴이 일었다. 드러나지 않는 곳에서 효율이나 성취에 상관없이 가장 미련맞아 보이는 혹은 가장 하찮아 보이는 일을 묵묵히 감내해나가는 이들을 통해 세상 구석구석이 깨끗해지고 있음을 다시 한번 확인했기 때문이다.

세상에 비루한 예수쟁이들도 많지만 보이지 않는 세상 구석구석의 한센병 환자들과 장애인들, 그리고 노숙자들처럼 가장 가난하고 힘없는 자들 옆에는 여전히 예수 그리스도의 제자된 이들이 함께하고 있다. 그들은 결코 세상에 드러나지 않는다. 그러나 그들 덕분에 세상의 말세지말末世之末이 연장되는 것이 아닐까…

하나님의 나라와 그 의를 위해 끝까지 의인으로 남고자 보이지 않는 곳에서 오늘도 자신의 삶을 헌신하는 이들에게 깊은 사랑과 존경을 보낸다.

순교자의 피가 흐르고 있는 안골 신앙공동체 역시 이들의 족적足迹을 따를 것이다.

장인정신^{匠人精神}의 사전적 의미는 자기가 하고 있는 일에 전념하거나 한 가지 기술을 전공하여 그 일에 정통하려고 하는 철저한 직업 정신을 말한다.

일본의 스시 장인 지로는 75년 동안 스시를 만들었다. 75년 동안. 그는 오직 스시밖에 팔지 않는다. 의자도 10개 남짓하다. 그러나 그의 스시를 먹기 위해서는 최소 한 달을 기다려야 한다. 예약하지 않으면 먹을 수 없다. 전세계에서 사람들이 그의 스시를 먹기 위해 날아오기 때문이다.

음식평론가들은 이구동성으로 말한다. 지로의 스시야말로 세계 최고의 맛이라고. 지로는 말한다.

"장인은 특별해지려 하지 않습니다. 오직 매일 같은 일을 반복할 뿐. 그러나 같은 일을 계속 반복하며 발전합니다."

그는 75년 동안 한결같이 스시를 만들면서 늘 재미있었단다. 꿈에서조차 스시를 연구하고 만들고 있었다니… 그는 식재료 하나도 허투루 구입하지 않는다. 직접 어시장에 나가서 최고의 질감을 가진 생선을 고른다. 생선 역시 제철에 나는 생선만을 이용하고 생선의 가장 맛있는 상태가 어떤 것인지를 연구하여 밥 위에 올린다. 그만큼 까다로운 음식공정이 필요하다. 밥 역시 그만의 노하우로 가장 높은 압력에서 만든다. 밥과 생선의 예술적 조화. 그것이 스시다.

그는 돈에 관심이 없다고 말한다. 오로지 어떻게 하면 최고로 맛있는 스시를 만들 것인가에만 몰두한다. 그의 75년 인생은 너무나 단순했다. 그러나 그의 단순한 삶은 그를 스시에 집중케 하고 스시의 장인으로 이끌었다.

장인은 날마다 똑같은 일을 하지만 결코 그것에 싫증을 내거나 짜증을 내는 법이 없다. 자신의 일을 하나의 수행 과정으로서 거룩하게 승화시킨다. 그것에 열정과 혼을 싣는다.

스시의 장인 지로의 삶을 보면서 장인으로서의 그리스도인을 상상해본다. 온갖 보암직하고 먹음직하고 탐스러운 것들이 가득한 세상에서 날마다 단순한 삶의 징후를 통하여 오직 한길로 나아가는 그리스도인들. 매일의 삶에서 말씀과 기도에 규칙성을 부여하고 자신이 선 자리에서 열정과 혼을 불사르는 자들. 여기저기 기웃거리지 않고 단순하게 반복되는 삶 속에서 날마다 발전을 꾀하는 자들. 한 곳을 깊게 파고 또 파 마침내 맑은 물줄기 세상을 향해 솟아오르게 하는 자들. 걷고 또 걸어서 길이 없던 곳에 길을 내는 자들.

오늘도 안골에서 장인으로서의 그리스도인을 꿈꾸며 작은 걸음을 내딛는다.

고등학교 2학년 가을 즈음으로 기억된다. 혼자 교회 지하 기도실에서 기도하고 있는데 음성이 들린다. (내 언어적 한계로는 이 단어밖에 사용할 수 없다.)

"너는 내 일을 하라."

일주일 동안 동일한 음성을 듣고 신학대학 행을 결심한다. 원서를 쓰는데 교무실에서 선생님들이 이구동성으로 그러신다.

"너 지금 제 정신이니^{out of mind}? 신학대학 가기엔 네 점수가 너무 아깝잖아?" 화가 나신 아버지는 밥상을 엎으며 심지어 창피하다고까지 하셨다.

신학대학 4학년, 이제 방년 23세인데 지체장애 2급에 나이도 12살이나 많고 아무것도 가진 것 없는 지금의 남편과 결혼한다고 했을 때 친구들과 주변 사람들에게 역시 동일한 소릴 들었다.

"너 미쳤니^{out of mind}?"

부모님은 몸져누우셨고 결혼식장은 울음바다가 되었다.

교사로 멀쩡하게 잘 다니고 있던 숭실고등학교를 그만두고 시골로 내려간다고 하니까 지인들과 주변사람들이 그런다.

"너 미쳤니^{out of mind}?"

교감선생님께서는 조용히 과학실로 불러 제발 현실을 직시하고 다시 생각해보라고 간곡히 부탁하시기까지 했다.

사람도 얼마 없는 곳에 교회를 세운다니까 감리사님 이하 목사님들이 극구 반대하시면서 하시는 말.
"당신들 제정신이유 out of mind?"

예배당을 황토로 짓겠다니까 주변에서 다 그랬다. 역시…"out of mind?"

영어 사전에 보면 out of mind는 크레이지 crazy, 미쳤다의 동어적 표현이다. 사람들에게 나는 그저 미친 인생일 뿐이다. 그러나 영적 선각자들의 말에 귀를 기울여보라. 진정한 영적 삶은 마음에서 벗어난 out of mind 상태라는 것이다.

진정한 자아 soul seaching를 찾으려면 말 그대로 정신이 나가야 out of mind 한다. 나는 모든 인생의 중요한 기로와 선택의 상황에서 늘 내면의 소리에 귀기울여왔다.

내면에서 일관된 목소리가 들리면 아무리 불가능해 보이더라도 때론 고통스럽고 때론 죽음을 각오해야 할지라도 주저하지 않고 선택해왔다. 그 선택은 풍요로운 영적 삶과 깨달음을 향한 새로운 지평으로 항상 나를 이끌었다.

2013년 사순절 한가운데 서서 돌아보면 발자국마다 나를 안고 업고 걸으신 그분의 은혜와 사랑에 그저 감사할 뿐이다. 내 남은 생은 내가 하늘로부터 무한히 받은 그 사랑을 모든 사람과 모든 생명에게 사랑으로 갚아주는 일로만 채워질 것이다.

안골 하늘숨학교를 시작하며…

지난주일 오후 하늘숨학교*가 어디로부터 시작되었는지에 대한 이야기를 나누었다. 어디로부터 왔는지 알아야 어디로 갈지도 알 수 있다는 생각이 들었다.

안골의 초기 역사와 중간 역사의 증인들이 대화에 참여했다. 그리고 주님의 은혜 가운데 안골 공동체 식구가 된 여러 성도님들… 우리 모두 주님의 부르심을 받은 자들이다.

하늘숨학교는 그동안 안골에서 걸어왔던 그 호흡처럼 걸어갈 것이다. 서두르지 않고, 조바심 내지 않고. 우리가 할 수 없는 것들에 욕심내지 않으면서 천천히 가는 것이다.

눈을 감고 조용히 있으니 오직 하늘의 전폭적인 에너지에 온전히 의탁해야겠다는 마음으로 충만해진다. 그러면서 정부의 도움이나 부자들의 특별한 후원에 의지하지 않고 오직 모든 것을

---

* 2012년부터 안골교회에서 시작한 생태영성학교. 자연 속에서 하나님의 창조적인 영을 발견하고 누리자는 취지에서 시작되었다.

기도로 간구했던 고아들의 아버지 조지 뮬러가 떠올랐다.

하늘숨학교도 그렇게 운영해갈 것이다. 부족하면 하나님께서 채워주시겠지. 그것이 사람이든 돈이든 땅이든 그 무엇이든지간에. 중요한 것은 여전히 오늘 우리가 하나님 안에서 평안을 누리고 있는가를 묻는 것이며 이 다음에 이어지는 모든 역사는 우리 안에 넘치는 것들로 나누기만 하면 되는 것이라 여겨진다.

우리 안에 하늘의 사랑이 넘쳐나지 않으면 우리는 생명을 살리는 일에 우리의 전존재를 던질 수 없다. 그것은 어떤 당위나 지식이나 구호로 가능하지 않기 때문이다.

감기에 지독하게 걸려 몸이 편치 않으니 이래저래 짜증이 나는 나를 천천히 관찰한다. 이러한 상황에서 나의 평안이 어디로부터 오는지를 묵상한다. 오늘 틈틈이 침묵 가운데 앉아 있었다. 그러면서 몸과 마음을 차분히 가라앉히고 이제 곧 성경통독을 통해 나의 전존재가 하나님의 말씀으로 가득 채워지기를 기대하며 기다린다.

이 예식을 통과하면 하늘에서 또다시 명경지수 같은 아름다운 통찰과 계시를 허락하실 것이다. 내일을 걱정하지 말자. 다 잘 될 거다.

아이들에게 너무 많은 것을 가르치지 말라

요즘 아이들은 너무 많은 것을 한꺼번에 배운다. 나는 이게 아주 별로다. 미래의 교육은 좀더 단순해져야 한다는 생각이다.

배움의 양이 지나치게 많아 급체하거나 소화불량에 걸린 아이들이 얼마나 많은가. 가만히 놔두면 제 스스로 무엇이 재미있고 흥미로운지 잘 찾아갈 수 있을 텐데… 채원이를 보면 알게 된다. 집에 와서 학원도 학습지도 아무것도 안하고 앵무새와 실컷 놀다가 겨우 숙제만 해가는데도 하고 싶은 것이 꾸준히 생긴다.

한동안 열심히 그리던 그림을 뒤로하고 지금은 역사에 푹 빠져 있다. 내일이 시험인데 오늘 교육방송 6학년 역사강의를 듣고 있는 채원이… 뭔가 하고 봤더니 고대 문명에 관한 것이었다. 아주 재미있다면서 열심히 깨알같이 필기도 한다. 시험공부는 평상시 수업시간에 잘 들으면 끝난다는 게 딸내미의 개인적 개똥 철학이다. 선행학습을 시키지 않으니 진짜 몰라서 수업시간에 집중하는 모양이다. 또한 누군가 억지로 시키지 않으니 스스로 찾아가는 맛이 쏠쏠한 것 같다. 화가도 되고 역사 선생님도 되고 싶단다. 아마 내년이 되면 또 뭔가 다른 분야에 관심을 가질지도 모르겠다.

아이들이 스스로 무언가를 즐겁게 찾아가는 과정을 목도하려면 부모 스스로 무언가를 즐겁게 하고 있으면 된다. 그저 제 자식만 눈빠지게 처다보고 앉아서 이거 해라, 저거 했니 잔소리 퍼붓

고, 과외 스케줄 짜주고, 기사 노릇 해주고, 파출부 해줘봤자 소용
없다. 나중에 부담스러워하고 귀찮아한다. 그리고 부모를 원망한
다. 아이들 교육에 전전긍긍하는 부모들에게 꼭 말해주고 싶다.

"아이들이 꼭 빨리 가야 합니까? 인생은 점점 길어지는데? 배
움은 평생의 일입니다. 적당하게, 재미있고 흥미있게 배우는 법
을 그리고 존재하는 법을 알아가야 합니다. 스트레스 받지 말고
충만한 호기심과 반짝이는 눈으로 같이 더불어 여기저기 기웃거
리면서, 천천히 그렇게…"

가족이란

남편은 내게 당신은 나의 생명이야, 큰딸 희원이에게 너는 나
의 존재 이유야, 막내 채원이에게는 너는 나의 영혼이야,라고 고
백한다.

남편은 가족으로 말미암아 삶의 존재 이유와 생명과 영혼을
깨달았다. 그러면서 자신은 사랑이 되었다. 아이들은 간혹 아빠
를 잔소리 대마왕이라 부르면서도 알고 있다. 아빠가 자신의 목
숨보다도 더 딸들을 사랑한다는 것을.

그래서 늘 기꺼이 아빠의 손을 주무르고, 반쪽이 마비된 아빠

몸을 그 여린 몸으로 안아준다. 우리에게 있어 아빠는 더이상 좌반신을 쓸 수 없는 장애인이 아니다. 딸과 아내를 너무나 사랑하는, 또 그 사랑을 마음껏 표현하는 멋진 남편이요, 멋진 아빠다.

이 놀라운 가족의 신비는 예수 그리스도로부터 말미암았다. 사랑 그 자체이신…

채원이 전시회를 준비하며…
2016년 채원이 그림 전시회 초청의 글에서

지금 안골은 채원이 그림 전시회 준비에 집중하고 있습니다. 자연에서 태어나서 자연에서 자란 채원이가 자연속에서 받은 영감을 본격적으로 표출하기 시작한 것은 10살 때부터였습니다. 학자들에 의하면 10살 때 아이들의 창조성은 극대화된다고 하네요.

학원도 가게도 없는 안골 공간 무한히 펼쳐진 시간 속에서 아무런 구속도 받지 않고 매일매일 그림 그리는 재미로 시간을 보냈던 채원이. 채원이의 그림은 모방에서 출발하지 않고 내면에서 시작했다는 것이 흥미롭습니다. 마음속에 떠오르는 것을 그린다고 하네요. 신기하게도 왼손으로 그림을 그리고 일체의 수정이나 밑그림 없이 한숨에 그려내기 시작합니다(237면 그림 참고).

전문가들의 소견에 따르면 극대화된 통일성과 균형미, 의식과 무의식의 통합, 의식의 온전성이 드러나는 그림이라고 해요. 10살 채원이가 그린 무의식의 출로… 이제야 세상을 향해 그 존재를 드러냅니다. 전시회에는 10살부터 최근(중1)까지 그린 다양한 그림 50여점이 전시될 예정입니다.

두 달 동안 계속되는 전시회를 통해 안골생태영성공동체의 지향과 방향성 또한 온전히 드러나는 시간들이 될 것입니다. 함께 기도해주시고 마음 모아주시면 감사하겠습니다.

4년 동안 신학을 비롯하여 철학과 심리학만 공부하다가 대학원을 시각디자인과로 가겠다는 딸. 홍대나 건대를 이야기할 때는 시큰둥했다. 그런데 한예종을 간다고 하니 그때서야 귀가 쫑긋. 꽤 내실있는 학교란 느낌을 받았기 때문이다. 등록금이 싼 것도 좋았다. 한예종 출신 연극인들 중에서 천재를 몇 보았고, 안골을 찾은 음악가들도 그랬고, 저런 사람들을 배출하는 학교구나… 인상깊었다. 제 외삼촌과 외숙모 모두 한예종 출신이니 가기만 하면 좋겠다, 싶었다.

그러나 독한 부모 만난 탓에 학원비 없다고 우기니 재간이 있나… 딸아이는 울다 지쳐 독학으로 공부, 입시에 제출할 포트폴리오도 혼자서 만들었다. 결과는 전혀 상상하지도 못했던 1차 합격!! 이런 아이를 1차에 붙여준 한예종은 좋은 학교다. 아이의 가능성을 봐준 것이겠지… 완성된 테크닉이 아닌.

딸아이는 기뻐서 한 시간 내내 울었다. 나도 울컥했다. 독한 부모 노릇하길 잘했다 싶었다. 눈물과 오기를 버무려 훌륭한 학업계획서가 나왔다. 기쁘다. 최종합격까지 주욱, 갔으면…

p.s. 며칠 후 결국 희원이는 최종합격을 했다. 최종 면접에 4명이 올랐는데 프랑스에서 온 학생도 있고 희원이를 제외한 다른 합격자들은 모두 시각디자인 전공에 스펙이 무지 화려했다고 했다. 그러나

교수님들은 비전공자인 희원이가 쓴 학업계획서를 가장 훌륭하다고 평가했다. 전공자가 아니다보니 테크닉은 부족하지만 자연 속에서 자란 희원이의 무한한 독창성과 가능성을 높게 평가한 것이다.

아이들의 가능성을 보고 선발하는 대학이 한국에 있다니… 어마어마한 학원비를 쏟아부으며 입시를 준비하는 모든 부모들에게 고정관념에서만 벗어난다면 이 입시지옥이라는 대한민국에서도 제3의 길이 있다는 것을 꼭 이야기해주고 싶다.

무봉리 마을학교의 시작

2014년 쓴 글에는 이런 대목이 있다.

"13년 전 지금 살고 있는 시골 마을에 정착할 때만 해도 동네 아주머니들 대부분이 문맹일 거라는 생각을 해본 적이 없다. 왜냐하면 그동안 내 삶 속에서 문맹인을 본 적이 없었기 때문이다. 시골살이 3년이 지나서야 비로소 조금씩 알게 되었다. 가부장적 억압 속에서 아들만 학교 보내고 딸들은 교육에서 완전히 제외시켜버린 뼈아픈 여인들의 역사를, 평생 글을 모르고 살면서 감내해야 했던 한과 고통의 역사를 알게 된 후 너무나 가슴이 아팠다. 예배도 알고 보면 문맹의 한을 가진 사람들에게는 치명적인 것이다. 처음부터 끝까지 글을 모르고서는 참여할 수 없는 예배, 예배가 그 누군가에게 절망이 될 수 있다는 사실을 그때 처음 알았고 적지 않은 충격을 받았다."

주님께서는 안골교회를 통해 2011년 12월부터 두 달간 무봉리 마을학교를 운영케 하셨고, 그것을 계기로 예산군청의 지원을 받아 그로부터 6년 동안 마을회관에서 마을 어르신들은 전문 문해교사의 지도를 받으며 비가 오나 눈이 오나 매주 2회 한글을 공부하셨다. 아니 한글만이 아니라 수학, 미술, 음악, 운동 심지어 영어도 배우셨다. 마침내 2017년 12월 예산군청에서 주관하는 무봉문해교실 졸업식에서 동네 아주머니 열 분이 졸업하셨다. 평생 학교 한번 다니는 것이 소원이셨던 마을 여인들 10명의 소원이 모두 기적처럼 이루어진 것이다.

나는 여전히 처음 한글을 가르치기 시작한 그날을 잊을 수 없다. 동네 사람 누구한테라도 한글 배운다는 사실을 말하면 아예 얼굴 볼 생각하지 말라고 협박(?)하시던 아주머니, 사드린 공책과 필통을 잠바 속 깊이 숨기고 마치 007작전을 방불케 하며 동네 사람들 눈을 피해 몰래몰래 사택에 올라오시던 그 어르신은 공책에 써드린 '너구리'란 단어를 밤새 공책 한 권 전체에 '너구라'로 써 오셨다. 한글 공부해야 한다고 대문 앞을 돌절구로 막아놓고 마치 장에 간 것처럼 위장하고는 방문을 걸어 잠그고 이불 뒤집

어쓰고 하루 종일 한글을 연습하시던 그때가 눈앞에 선하다.

나는 내 눈으로 보면서도 믿기 힘들 때가 많았다. 과연 21세기 디지털 시대에 이런 상황이 가능한 것인가. 마치 그때 내 시계는 일제강점기의 소설 『상록수』의 어느 한 장면으로 돌아간 듯했다. 이젠 그분들이 모두 80을 향해 가시니 세월이 많이 흘렀다. 그때 교회 사택에서 한글을 배우시던 분들은 모두 안골교회 초대 집사님들이 되셨다. 「좋으신 하나님」 그 짧은 찬양을 배우는 데 6개월이 걸렸다. 예배 때 목청껏 「좋으신 하나님」을 부르시는 성도님들의 찬양 소리를 들으며 피아노 반주를 하던 나는 감동에 겨워 혼자 눈물을 훔쳐야 했다. 시골에서 개척을 하겠다는 남편 뜻에 항복하게 하시고, 나로 하여금 교직을 버리고 돌아보아야 자연밖에 없는 시골 오지 마을로 보내신 하나님의 섭리를 그제서야 깨달을 수 있었다. 한 아주머니께서 말씀하셨다.

"우리 마을엔 오래전부터 선생님이 필요했슈…"

얼마나 놀라운 일인가… 하나님께서는 문맹으로 평생 한맺힌 우리 마을 여인들을 얼마나 사랑하셨던가 말이다.

여자라는 이유만으로 학교가는 게 금지되던 시절이 있었습니다. 오빠도 가고 남동생도 가는 학교를 나만 왜 안 보내주느냐고 마당에서 몇 날 며칠을 울며불며 데굴데굴 굴러도 학교에 보내주지 않던 부모. 마음속에 배움의 한이 맺힌 어르신들이 충남에 얼마나 많은지요.

제가 무봉리에 처음 왔을 때만 해도 마을의 문맹률이 이렇게 높은지 몰랐습니다. 그분들을 개인적으로 만나 이야기했을 때 글 모르는 서러움과 절망은 하늘 끝에 닿을 듯했습니다. 어르신들의 이야기를 들으며 가슴이 아파 눈물도 많이 흘렸습니다.

어떻게 하면 이분들의 원망과 한을 풀어드릴 수 있을까. 기도하고 또 기도하면서 신양면 면장을 찾아갔습니다. 그랬더니 마을에서 한글 배울 분을 10명 이상 모으면 문해교사를 군에서 파견해준다고 했습니다. 10명… 주변에서, 심지어 목사님까지도, 10명은커녕 한 명도 모으기 어렵다고 했지요. 내가 한글 모릅네, 나설 사람이 어디 있겠느냐며…

1년 동안 안골을 찾은 수많은 사람들에게 중보기도를 요청했습니다. 다들 안 된다고 불가능한 일이라고 하는 일을 '주님, 제발 도와주세요. 주님밖에 없습니다' 기도하며 하늘에 맡기는 수밖에 없었습니다.

문해교실을 유치하는 데만도 이렇듯 말로 할 수 없는 어려움이 있었습니다. 그런데 그 기나긴 세월을 지나 졸업을 하시네요. 평생 문맹의 한을 품은 채 살아오신 어르신들이 한글을 배우며 새로운 삶을 살게 된 수많은 사연들을 듣고 보면서 눈에 눈물이 그치질 않았습니다. 그들의 이야기에 함께 귀를 기울여주세요. 그들의 아픔과 그 아픔이 기쁨으로 바뀌는 그 순간과 찰나들을요.

졸업식날, 이장님과 이장님 사모님 그리고 저는 좀 일찍 길을 나섰습니다. 졸업식 가운 입는 것을 도와드리려구요. 졸업하시는 할머니들은 군에서 보내준 버스를 타고 오셨는데, 저희가 먼저 도착해 들어오시는 입구에서 인사를 드렸더니 너무 반가워하시면서 제 손을 꼭 잡으시더라구요.

사실 이제 시작인디, 더 배워야 하는디 아쉬워하시는 마음, 잘 알지요. 어떻게라도 더 공부하면 좋겠다 하셔서 문해 선생님께 말씀드렸더니 예산군 안에 문해교실이 필요한 곳이 너무 많아서 6년 이상은 어렵다고 하시네요. 더 공부하고 싶으신 분들은 마을에서 자체적으로 교실을 열어야 하지 않을까. 이장님께 여쭤보았더니 앞으로도 다양한 배움터가 무봉리 마을회관에서 있을 예정이니 괜찮을 거라고 하십니다.

어르신들께서 행복해하시는 모습을 보니 너무나 기뻤습니다. 오래 살고 볼 일이라고, 이런 날이 온다고 그러시네요. 놀라운 일은 마을 아저씨들이 아주머니들 졸업 축하 세리머니로 마을회관에서 저녁을 준비하신다는 연락이 왔을 때였습니다.

세상에, 이런 기적 같은 일이 우리 마을에 일어나다니… 금세 어르신들의 눈에 눈물이 촉촉하게 고입니다. 그래서 또 다같이 울었네요.

무봉리에 사는 사람들의 마음이 점점 하나로 모아지고 있습니다. 만나기만 하면 뒷담화에 끼리끼리 어울려 누군가를 왕따시키고 무봉리 안의 마을끼리도 으르렁거리며 살던 때는 이제 옛이야기가 되었습니다. 서로 염려하고 걱정하고 아껴주고 함께 밥을 나누고 공부하고 노는 행복한 마을로 변하고 있습니다.

그 응집된 에너지가 무봉리 주변으로 흘러넘치고 있습니다. 앞으로 무봉리의 이야기는 마을마을마다 퍼져나갈 것입니다. 이 기적의 역사에 하나님께서 아름다운 그리스도인들을 참여시키셨습니다.

오랜 시간 무봉리와 안골, 그리고 안골교회를 위해 수많은 분들이 기도와 물질과 사랑을 보내주셨습니다. 그 놀라운 하늘 에너지는 한 알도 땅에 떨어지지 않고 하나둘 아름다운 열매로 맺히고 있습니다.

주님, 감사합니다. 주님께서 하셨습니다. 이 모든 영광을 주님께 드립니다. 무봉리는 이제 다시 태어나는 마을입니다.

아름다운 무봉리 소식은 앞으로도 계속 될 것입니다.

개구리똥과 쥐똥의 차이

서울산인 내가 시골에 처음 정착하면서 가장 괴로웠던 것은 여러 번 언급했듯이 쥐 때문이었다. 그러나 나의 딸들은 쥐만큼이나 개구리를 끔찍해했다. 여름만 되면 하루살이나 나방을 잡아먹던 개구리가 오래된 창틀 사이로 사정없이 집으로 들어왔다. 마루에도 개구리, 부엌에도 개구리, 화장실에도 개구리… 자다가 얼굴로 쩍(!) 하니 붙질 않나 아침에 일어나보면 심지어 내 다리 밑에 깔려 압사해 있기도 했다.

그러나 맨들맨들하고 서늘한 개구리의 피부가 싫지 않은 나는 여기저기서 펄쩍 펄쩍 뛰어다니는 녀석들을 집어다 밖으로 내보내는 일을 어쩔 수 없이 도맡아야 했다.

그런데 개구리똥과 쥐똥이 비슷해서 가슴을 쓸어내리는 일이 많았다. 쥐 때문에 맘고생한 일들을 다시 열거하자면 3박 4일 걸릴 지경. 그래서 무엇이 다른지 관찰하기 시작했다.

관찰하기 시작한 지 얼마 되지 않아 그 차이를 발견했다. 개구리똥은 끝이 살짝 들려올라가 있고 쥐똥은 쌀알처럼 매끈하게 마무리되어 있다. 오랜 시간 고통과 역경을 딛고 발견한 쾌거였다.

얼마 전 파브르의 전기를 읽고 충격을 받았다. 파브르가 쇠똥구리를 관찰한 것은 무려 40년이었다. 정착 초기 10년 동안 행한 쥐와의 끈질긴 밀당, 마치 전쟁 같았던 그 시간들은 그에 비하면 별거 아니다. 시골의 삶은 야생의 삶의 연장선상에 있다. 삶과 죽음의 현장이 눈앞에서 목도되고 인간 아닌 다른 생물과의 낯선 동거가 시작되는 지점이다.

꽃과 별의 혁명(이민재 목사님께 배운 표현이다)은 인간의 삶에 자연을 기꺼이 포함시키며 시작된다. 단지 효율과 편함이라는 이름으로 우리의 영역에서 아예 그들의 존재 자체를 망각하는 오류를 범하지 않는다면 우리는 쥐가 인간보다 얼마나 영악한지 그리고 개미의 왕국이 얼마나 거대하고 질서정연한지 등 우리가 상상할 수 없었던 놀랍고 흥미로운 세계가 자연 속에 존재함을 발견하게 될 것이다.

혼자서만 잘살면

서울 정릉감리교회가 주최한 작은 교회들을 위한 세미나 마지막 예배에서 구자경 목사님께서는 이 문장으로 설교 말머리를 시작하셨다.

"혼자서만 잘살면 무슨 재민겨?"

진짜 재미있는 삶은 더불어 같이 행복한 삶. 그러나 현대의 많은 사람들은 지독할 정도로 개인적 행복에만 몰두해 있다.

우리의 목마름은 어쩌면 나, 내 가족, 내 가정의 경계를 넘어서면서 해갈될 수 있지 않을까. 다들 더 잘살려고만 애쓰지 않는다면 우리는 우리의 어려운 이웃들과 함께할 시간을 확보할 수 있을 것이다.

서울 갈 때마다 나는 감지한다. 사람들이 안골에서의 내 삶을 그저 전설로 인식하고 있음을. 한 배에서 나온 언니도 그런다.

"너처럼 모든 기득권을 포기하고 시골로 내려가기가 쉽니? 그건 불가능해…"

춘천까지 지하철이 생기면서 지방자치가 활성화되었다? 개뼈다귀 같은 소리다. 춘천에서 올라오신 목사님 왈, 춘천 아이들이 사교육 받으러 다 서울로 올라간단다. 그리고 춘천에서 자취하거나 기숙하던 대학생들도 일일 통학권이 되어 다 서울로 올라가고… 천안도 마찬가지. 땅속이나 땅 위나 수도 없이 산을 깎아 만들어놓은 교통망은 지방 분산은커녕 오히려 서울을 극대화시키고 있다.

예산여고 희원이네 반 1등이 서울 변두리에 있는 대학에 겨우 합격했다. 부익부 빈익빈, 서울과 지방의 격차는 점점 더 심화되고 있다는 증거. 그래서 내 딸을 돈이 아무리 들더라도 서울에 있는 학원으로 보내겠다는 발상을 철회시키기 위해 우리가 할 수 있는 일은 무엇인가.

누군가는 끊임없이 전설이 되어야 한다. 그것이 혁명이다. 기득권? 그 역시 개뼈다귀 같은 소리다. 도대체 누가 만들어놓은 기득권인가… 하나님의 사람들은 인간 권력이 설정해놓은 기득

권의 하수인이 되어서는 안 된다.

예산에 있는 일부 교사들도 딱하기는 마찬가지다. 예산에서 출퇴근하면 자존심 상한단다. 많은 교사들이 천안으로 이사 가고 천안에서 출퇴근. 자기 자식들도 천안에 있는 학교로 전학을 시킨다. 그러면서 자기들은 예산에 있는 학생들에게 공부 열심히 하라고 달달 볶는 어이없는 현실.

패역하고 자본의 횡포에 난자당하는 세태가 나같이 지극히 평범한 예수쟁이를 전설로 만들고 있다. 코미디 같은 세상. 그러나 분명한 것은 공의가 하수같이 흐르기를 원하시는 하나님께서 하나님의 의를 위해 헌신하는 자들을 결코 굶어죽게 내버려두지 않으신다는 것. 이것을 믿는 자들은 복이 있을지어다.

사순절

성서는 서양 역사의 뿌리요 근간을 이루므로 성서를 알아야 서양 문화를 이해할 수 있다. 이러한 취지로 J. 스티븐 랭이 쓴 『바이블 키워드』란 책에 보면 사순절에 대해 다음과 같이 언급하고 있다.

"사순절Lent: 좋아하는 음식을 40일간 먹지 말라."

사순절은 부활절 40일 전, 재의 수요일^{Ash Wednesday}에서 시작해 성 토요일에 끝난다. 약 4세기경부터 시작되었는데, 예수가 세례를 받은 뒤 40일 동안 광야에서 금식을 하고 사탄의 유혹을 받으며 보낸 기간을 기념해 생긴 절기다.

금식의 규칙은 매우 엄격하다. 예를 들어 동방 정교회는 하루 해가 진 다음에 한 끼 식사만 허용하며, 육식은 물론 생선과 달걀도 40일 내내 금한다.

하지만 천주교나 개신교에서는 그 규칙이 점차 느슨해졌다. 그래서 요즘은 사순절 기간 동안 특정한 음식, 즉 좋아하는 음식을 피하고 작게나마 개인적 희생을 치르는 정도로 바뀌었다.

사순절의 주된 정신은 참된 자아를 추구하고 영적인 준비를 갖춘 뒤에 부활절을 맞아 예수의 부활을 축하하려는 데 있다. 사순절에는 엄격한 단식을 해야 하기 때문에 사순절 이전의 화요일은 대대적으로 잔치를 벌이는 날이 되었다. 지금도 미국의 뉴올리언즈 지방에서는 마르디 그라^{Mardi Gras}, 즉 '기름진 화요일'에 잔치를 벌인다.

사순절이라는 말은 사실 성서에 없다. 사순절을 뜻하는 영어 단어 '렌트^{Lent}'는 '봄날'이라는 뜻의 영어 고어인 '렌크텐^{lencten}'에서 나왔다. 초기 그리스도교도들은 그 기간을 '테사라코스테^{Tessarakoste}'라는 그리이스어, 혹은 '쿠아드라게시마^{Quadragesima}'라는 라틴어로 불렀는데, 둘 다 '40번째'라는 뜻이다.

안골지기들 역시 그동안 미뤄두었던 일정들이나 혹 해결해야 할 일들을 사순절 전까지 정리하도록 계획을 세우고 있다. 수많은 성도들이 부활절만 기억할 뿐 자발적 고난을 통하여 순례의 여정을 경험할 수 있는 사순절은 잊고 있다. 사순절의 의미가 21세기에 이렇게 처참할 정도로 퇴색되어버린 것은 참으로 유감이다.

언젠가 3일 동안 금식하면서 깨달은 것이 있다. 고작 3일뿐이었지만 쉽지 않았다. 첫날은 그저 무기력하게 누워만 있다가 둘째날 아침 눈앞에 먹고 싶은 음식이 영화처럼 스쳐 지나가는 순간 갑자기 저 이역 멀리 아프리카에서 굶어 죽어가는 어린아이들이 떠올랐다. 그러면서 혼자 한참을 울었다. 나는 내일이 지나면 먹고 싶은 것을 마음껏 먹을 수 있지만 내일이 지나고 모레가 되어도 먹을 것을 기대할 수 없는 그 아이들의 처참함이 온몸으로 다가왔다. 굶는 상황에 처해보지 않고서는 절절히 공감할 수 없는 지경을 체험한 것이다. 그 체험은 예배당 건축 이후 지금까지 매해 사순절마다 한 끼 금식을 실천하게 한 계기를 마련해주었다.

우리의 삶이 너무 안일하다 생각된다면 오히려 적극적으로 힘듦을 선택해야 한다. 사순절은 그러한 단초를 제공하는 절기이다. 좋아하는 음식을 40일 동안 포기하든 육식을 금하든 어떤 식으로라도 작게나마 개인의 희생을 감내함으로 십자가의 지극한 고통 속에서 마침내 부활하신 예수 그리스도의 거룩한 구원의 여정에 기꺼이 동참해볼 일이다.

안골의 머털 사도님(목사님)은 26세의 젊은 나이에 자신의 몸 반쪽을 잃었다. 몸이 말하는 것을 무시한 탓이다. 후회해도 소용 없는 지경이다.

나 역시 좌반신을 쓸 수 없는 머털 사도 남편과 살지 않았더라면 몸의 건강이 얼마나 중요한지를 깨닫지 못했을 것이다. 남편을 만나기 전까지 목표 달성을 위해 내 몸을 과감하게 불사르는 못된 습관을 가졌으니까.

우리의 몸은 어떤 곳이 탈이 났을 때 계속 사인을 보낸다. 여기 여기가 아프니 빨리 돌아보라고. 그런데 사람들은 당장 살아야 하니 지금 내 몸에 신경쓸 겨를이 없다며 무시하고 방치한다.

그러는 사이에 몸은 호미로 막을 수 있는 것을 가래로도 못 막는 지경에 이른다. 당장의 손해를 생각하다 자신의 삶을 통째로 잃게 될지도 모른다는 생각을, 병을 방치하다 자리보전하여 끝도 없이 누군가의 보살핌을 받아야 할 처지에 놓일지도 모른다는 생각을 그때는 미처 하지 못한다. 당장의 쥐꼬리만 한 병원비를 걱정하다 나중에 집을 다 팔아도 모자란 지경을 상상하지 못한다.

우리 몸은 거룩한 성전이다. 하나님께서 일하시는 도구다. 어떤 상황에서라도 몸이 말하는 것을 무시해서는 안 된다. 그리고 발병보다는 늘 예방할 수 있는 삶의 구조로 변해야 한다.

수많은 병의 대부분이 마음에서 왔으니 마음을 평안한 지경으로 수련하는 것도 중요하다. 그리고 폭식이나 과식을 자제하고 적당한 운동과 편식하지 않는 생활태도가 필요하다. 이를 위해서는 일상이 깨어 있어야 한다.

내가 무엇을 위하여 살고 있는지를 기억해야 한다. 잘못된 습관과 게으름으로 인한 생활 패턴 역시 전폭적으로 바꾸어야 한다. 상식적으로는 다 알고 있지만 절대로 쉽지 않다. 어쩌면 혁명과 같은 일일지도 모른다. 건강을 위하여 삶의 자리를 바꾸거나 직업을 포기해야 할 수도 있기 때문이다.

우리 몸에 대해 천천히 묵상해보았으면 한다. 우리의 몸이 건강해야 정신과 영혼도 온전할 수 있음을 기억하며⋯

한 여인의 홀로서기

십자가의 길로 가는 고난주일 끝자락에서 한 여인을 만났다. 자녀도 없이 남편과 친구처럼 일생을 동행하며 지낸 여인이다. 다소곳하고 조용조용한 목소리를 가진⋯

작년 구정 즈음 그 여인은 남편과 함께 어떤 모임에서 주최한 중국 여행에 참석했다고 한다. 마지막 날 마지막 일정으로 중국 전통춤 공연을 보게 되었는데 자리가 없어 남편에게 먼저 자리를 권하고 자신은 그 앞자리에 앉았단다. 그런데 공연이 시작되면서 남편에게 사진기를 달라고 돌아보는 순간이었다. 고개를 떨구고 있는 남편의 모습이 마지막이 될 줄은 상상조차 하지 못한 채…

생과 사의 간격은 단 5분이었다. 남편은 의식을 잃은 채 쓰러졌고 뇌의 대동맥 과다출혈로 즉사했다.

남편의 어처구니없는 죽음을 목도한 여인은 그 상황을 받아들일 수도 인정할 수도 없었다. 삶을 다시 추스를 수 있는 원동력이나 구심점이 전혀 남지 않은 상태에서 남편의 죽음은 그녀의 삶과 생각을 정지시켰다. 여인은 입을 닫고 귀를 틀어막았다. 아무에게도 남편에 대한 이야기를 할 수 없었다. 할 자신이 없었다.

1년하고도 몇 개월의 시간이 흘렀다. 예산은 그녀의 고향이 아니었고 일가친척이나 지인도 없는 낯선 땅이었다. 남편은 새로운 삶의 기후를 예산에서 느끼고 싶어했고 그 남편만 믿고 따라온 것이다.

남편이 없는 이 땅을 그녀가 떠나지 못하는 이유가 있었다. 자신마저 이곳을 떠나버리면 남편을 알고 있는 모든 사람들의 기억에서 그리고 그녀의 기억에서조차도 남편이 흔적도 없이 사라질까 두려웠기 때문이다.

그 여인은 애써 슬픔을 달래며 홀로서기를 하고 있었다. 안골에 가고 싶어도 목사님을 뵈면 남편 생각이 날까봐 두려워 가지 못했다고, 뇌출혈로 간 남편을 보는 것처럼 눈물이 하염없이 쏟아질까봐 가지 못했다고. 그리고 남편 죽음 이후 누군가에게 남편 이야기를 하는 것도 처음이라고 말하면서 여인은 눈물을 멈추지 못했다.

나 역시 결혼하고 계속 안주머니에 유서를 품고 다녔던 남편과 살면서 늘 죽음을 생각했다고 여인에게 말해주었다.

매일매일 선물과 같은 삶을 사시는군요… 그래도 살아계시니…

선물과 같은 삶… 그 말이 내 마음속에 여운처럼 머물렀다. 애써 웃음 짓는 그 여인의 얼굴이 예수 그리스도의 손에 박힌 못처럼 내 마음속에 깊은 통증으로 파고들었다.

얼마나 무서웠을까. 얼마나 힘들었을까. 그리고 얼마나 고통스러웠을까… 아무런 준비없이 사랑하는 사람을 갑작스럽게 잃을 수밖에 없었던 그 심정을 차마 어떻게 이해할 수 있을까. 자신의 생명과도 같은 사람을…

자신처럼 불의의 사고로 사랑하는 이를 떠나보내야 했던 사람들이 세상에 많을 거라고, 자기만 겪는 고통은 아닐 거라고 여인은 고통의 끝에서 스스로를 위로했다.

예수 그리스도께서는 성 금요일을 향한 도상에서 만난 그 여인을 향해 진심으로 위로하시고 벗되길 원하고 계심을 나로 하여금 알게 하셨다.

그 여인을 위하여 기도한다. 깊은 절망과 고통 속에서 외로이 떨고 있는 여린 영혼을 향해 십자가의 그분이 한없는 사랑으로 안아주실 것을 나는 믿는다.

예수 그리스도의 십자가의 고통은 모든 인류의 고통을 하나의 끈으로 묶으시고 나누게 하시고 느끼게 하심으로 결국 온 인류가 한 형제자매됨을 깨닫게 하신다.

위대한 십자가의 섭리 앞에 오늘도 고개를 떨구고 눈물로 무릎을 꿇는다.

하나님의 동행하심을 체험하다

「8년의 동행」이라는 영화를 본 적 있다. 『모리와 함께한 화요일』로 유명한 미치 앨봄Mitch Albom의 동명 소설을 영화화한 것으로 실화를 바탕으로 만든 작품이다.

영화에는 두 명의 성직자가 나온다. 평생을 성실하고 온유한 존재로서 성직을 감당해온 유대인 랍비와 파란만장한 삶을 살다 성직의 길로 들어선 흑인 목사. 부당한 이유로 친구 대신 감옥에 갔다가 생계를 위해 마약 판매책이 되고 결국 마약 중독, 알코올 중독에 빠졌다가 강도로 변한 흑인은 자신의 죄를 경찰서에서 부인해준 한 사람에 의해 결국 회개하고 마침내 목회자가 되어

낡고 쓰러져가는 교회의 담임자가 된다.

나중에 안 사실이지만 이 흑인이 강도가 되어 경찰에 붙잡혔을 때 "그 사람이 아닌 것 같다"고 자신의 죄를 부인해준 사람은 바로 다름 아닌 그 유대인 랍비였다.

한 기자의 3인칭 관찰자 시점으로 서술되는 영화는 과연 이 시대의 진정한 목회자의 상이 무엇인지를 물으면서 두 명의 성직자로부터 해답을 찾고자 한다.

죽을 수밖에 없는 상황에서 흑인은 목숨만 살려주시면 주의 일을 하겠다고 기도한다. 동이 트고 그는 결국 살았고 하나님과의 약속을 지키기 위해 목사가 된다.

그가 파송된 곳은 천장에 군데군데 물이 새고 아예 구멍이 뚫려버린 낡은 교회였다. 비가 오면 사방에 양동이를 놓아야 했고 날이 추워지면 뚫린 지붕으로는 눈발이 떨어져 내렸다. 그러나 그러한 상황이 흑인 목사님에게는 문제가 되지 않았다. 혹한의 날씨 속 서 있기조차 불가능할 정도로 추운 예배당에서 하늘을 향한 뜨거운 믿음은 감사의 기도로 승화된다. 회중은 많지 않았지만 그들은 일어나서 박수를 치고 할렐루야를 외치며 힘차게 찬양한다. 내 마음에도 감동과 전율이 일기 시작했다.

그 장면을 보면서 얼마나 울었는지 모른다. 혼자서 대성통곡을 했다. 마음속 저 밑바닥에서 뜨거운 것이 계속 치밀어 올라 견딜 수가 없었다. 내가 과연 잊고 있었던 것은 무엇인가…

만약 안골 예배당이 저 지경이었다면 예배를 드리러 올 사람은 과연 몇 명이나 될까. 그 상황에서 뜨거운 감사의 기도를 드릴 수 있었을까. 만감이 교차하면서 내겐 큰 은혜가 되었다. 우리가 얼마나 편하고 안락하게 신앙생활을 하고 있는가 돌아보는 성찰의 시간이었다.

주일이 다가오면서 걱정이 되었다. 기온은 계속 떨어지고 녹은 눈은 다시 빙판이 될 텐데 어떻게 하나. 그런데 그때 이 영화의 장면이 떠올랐다. 그리고 우리 믿음의 선조들이 산 넘고 물 건너 수십리 길을 걸어 교회에 가던 영상이 떠올랐다. 비가 오나 눈이 오나 한결같이 그 머나먼 길을 기쁨으로 다닐 수 있었던 힘은 과연 어디서 나온 걸까…

그 후 걱정과 근심이 평안함으로 바뀌었다. 빙판길과 눈길을 헤치고 예배당으로 들어설 때 어쩌면 더 큰 은혜가 될 수 있겠다, 라고…

주일 아침, 예배를 준비하면서 성도님들이 무사히 오시길 기도했다. 평소보다는 조금 늦은 시간이었지만 많은 성도님들이 추운 날씨 속에 무리지어 걸어오시는 모습을 보았을 때, 내 마음은 감격과 감동으로 충만했다. 그 벅찬 감사의 성정이란 말로 할 수 없는 것이었다. 하나님을 향한 충일한 믿음으로 가득한 안골교회 성도님들의 발걸음에 아마 하늘도 감동하셨을 것이다. 폭설과 혹한마저도 그분을 향한 우리의 믿음과 은총의 행보를 막을 수는 없다.

요즘 아이들은 그냥 노는 법을 잘 모른다. 그리고 도시에서는 놀기 위해 돈도 많이 든다. 돈 없이 놀려면 집에서 TV를 보거나 인터넷으로 게임을 한다. 노는 것조차 획일화되어 있다. 어린이 집 다니는 아이들도 집에 있으면 엄마한테 놀아줘, 놀아줘… 하며 징징댄다. 그러나 정작 엄마도 뭘 하면서 놀아줘야 할지 모르니 돈으로 장난감을 사준다. 그러면서 아이들 역시 엄청난 소비자의 대열에 합류시킨다. 생산자로서의 삶은 애초에 상실된다.

아이들은 깊은 호기심으로 몇 시간 동안 흥미진진하게 몰두하면서 새로운 영감을 받을 수 있는 모든 시간과 공간을 잃어버렸다. 어떤 환경에 적응해야 할 필요도 없어진 채 틈만 나면 학원을 가든지 아니면 공부를 강요받는다. 5살 꼬맹이도 한글이나 일찍 깨우쳐야 칭찬을 받는다. 이런 환경 속 아이들에게 나타나는 가장 치명적인 어려움은 인내심과 절제를 상실해간다는 것이다.

ADHD증후군, 즉 주의력결핍과잉행동장애 아이들이 늘어나는 이유다. 아이들에게 생산자로서의 기회를 제공해야 한다. 꼭 학원에 가지 않아도, 뭘 배우러 다니지 않아도 할 수 있고 만들 수 있는 것이 무궁무진하다는 것을 알려주어야 한다. 그런 시간이 진짜 공부라고 말해주어야 한다. 그것은 하찮고 쓸데없고 귀찮은 일이라고 절대 말하지 말아야 한다.

집에 필요한 작은 것이라도 재활용하여 만들거나, 카드를 직접 만들어 보낸다거나, 뜨개질해서 할머니께 목도리를 선물한다거나, 집안 장식을 직접 할 수도 있다. 어설프거나 우스꽝스러워도 그것이 시작이다. 적은 돈으로 재미있고 창조적으로 놀 수 있는 일이 많다는 것을 직접 체험할 수 있도록 말이다. 모든 것을 돈으로만 해결해야 한다는 생각을 버리면 새로운 삶이 시작된다.

이번 주에 안골 초중고 청년 모임이 있다. 12월에는 나무시계를 만든다. 재료비는 달랑 천원!!! 교회 내에 있던 시계가 고장 나서 고치려던 중 최성훈 전도사님이 받은 영감이다. 무척 기대가 된다. 크리스마스 트리도 직접 장식하고 짜장밥도 만들어볼 것이다.

안골은 이 땅의 교육에 절망하는 대신 미래의 주인공인 아이들에게 새로운 삶의 기후를 제공하고 하나님이 창조하신 자연 속에서 아이들이 자신의 무한한 가능성을 자유와 평화 가운데 마음껏 펼칠 수 있도록 끊임없이 판을 벌일 것이다. 그것이야말로 위대한 창조주의 뜻을 이 땅에 이루어드리는 길이라 믿는다.

과연 농촌은 절망할 것인가

오늘 안골마을 동네 곗날이다. 읍내에 가서 맛있는 회정식을 먹기로 했는데 비가 오고 길이 미끄러워 취소를 하셨단다. 다들 씁쓸하신 표정이다. "모처럼 회 좀 씹나 했더니, 쯧쯧…"

작은 방에 모여 앉아 이야기꽃을 피운다. 아름이 할머님이 손녀딸이 수능 보고 바로 아르바이트를 해서 200만원을 벌었다며 시골에선 못살아, 다 도시로 나가야 혀… 그러신다.

하기사 농촌에서 뭘 해서 한 달에 200만원을 벌 수 있을까. 시골 어르신들의 패배의식은 뿌리가 깊다. 게다가 새로운 외지 사람에 대한 편견도 만만치 않다.

늘 기회가 있을 때마다 '그렇게 말씀하시면 누가 농촌에 들어오려고 하겠느냐, 마을에 새롭게 정착하려는 사람들을 우리가 넓은 마음으로 포용하고 이해하고 끌어안아야 한다'고 누차 말씀드리지만 농촌 역시 경제적인 논리로만 접근하기에 생각을 바꾸는 것이 여간 어려운 게 아니다.

최근 귀농, 귀촌 인구가 늘어나면서 농촌 정착의 성공사례가 늘고 있다. 적절한 정보력과 성실성, 신뢰로 땅을 일군 사람들은 먹고사는 데 지장이 없을 정도의 수입을 올린다고 한다.

어르신들이 뿌리 깊은 피해의식에서 어서 벗어나고, 새로운 시대의 희망을 품고 땅을 일굴 젊은 사람들도 많이 늘어났으면 하는 바람이다. 절망에서 희망을 꿈꾸는 곳, 농촌을 기대한다.

　얼마 전 큰딸아이 생일이었다. 학교에 일이 있다고 서울에 다녀온 희원이가 밤에 선물이라며 뭔가를 건네준다. 실크 스카프였다. 아빠 것도 있었다. 개량한복 윗도리였다. 그러면서 남편과 나를 번갈아 껴안으며 "낳아주셔서 감사합니다!" 하는 것이 아니겠는가.

　순간 말로 표현할 수 없는 감동이 온 마음으로 퍼져나갔다. 울컥해서 눈물이 날 지경이었다. 새학기 자기 쓸 것도 모자랄 텐데 세뱃돈 받은 것을 모았다가 산 거라며…

　마흔이 넘은 이 엄마는 아직도 생일 때면 할머니가 통장으로 보내주는 소량의 축하금에 미소 짓는데… 어린 네가 나보다 낫구나. 딸아이의 깊은 마음씀씀이에 부끄러워졌다.

　그러나 감사해야 할 사람은 바로 우리란 걸 나는 안다. 희원이는 하늘에서 우리를 부모로 선택한 거다. 그렇게 사랑의 통로가 되기 위해 우리에게로 온 것이다. 부족한 우리에게로 기꺼이 와준 희원이에게 감사와 사랑을 보낸다.

　에고로 똘똘 뭉쳐 진실을 보지 못하고 서로에게 생채기를 내던 때조차 희원이의 존재는 '화해'라는 이름으로 부모인 우리가 새로운 시·공을 향해 결단하게 했다. 희원이로 말미암아 행복했던 기억을 떠올려본다. 인생에서 가장 어렵고 힘든 순간들 속에서 정말이지 어린 딸아이 덕분에 얼마나 많은 힘과 위안을 얻었는지… 그러나 먹고살기 힘든 세상에서 강해져야 한다고 말도 안 되는 오기를 부리며 여린 딸아이를 엄격하고 무섭게 훈육했다. 그때를 생각하면 가슴이 저려온다. 늘 미안하다.

그러나 이젠 그렇게 살지 않는다. 지금 이 순간이 얼마나 소중한지 알기에 매순간 딸아이와 즐겁게 대화하고 행복한 시간을 가지려 노력한다. 죽을 때 딸아이에게 사랑한다는 말을 인색하게 했다고 후회하고 싶지 않다.

하늘에서 선물로 보내주신 천사들을 천사답게 대접하련다. 세상 모든 아이들이 다 우리의 자녀들이다. 부모인 우리의 소유물이 아니라 우리를 새로운 깨달음으로 성장시키기 위해 보내진 보석들이다.

그런 아이들에게 사랑이라는 이름으로 부모의 욕망을 투사하여 꼭두각시로 만드는 것은 아이들의 숨통을 조이는 짓이자 아이들이 가진 본연의 생기를 빼앗는 짓이다. 부디 부모된 우리들은 아이들이 우리에게 온 이유를 잊지 말아야겠다.

삶이 늘 녹록치 않음을 느낀다. 작은 파도가 가면 큰 파도가, 큰 파도가 가면 또다시 작은 파도가 밀려온다. 뭔가 하나를 해결하고 나서 신난다, 하며 반나절 정도 쉬면 또다른 일들이 생긴다. 아무런 변화가 없을 것 같은 안골 역시 가만히 들여다보면 여러 지층들의 움직임으로 들썩인다.

예를 들면 그런 거다. 돌이켜보니 예배당 다 짓고 모든 공사가 끝난 줄 알았는데 그 다음해에 태풍으로 사택 지붕이 날아가고, 지붕 공사 다 해놓았더니 교회 보일러가 고장나고, 보일러 공사 다 끝내놓았더니 사택 보일러실에 쥐가 들끓고, 그래서 보일러실 뒤를 조립식 패널로 막았더니 이젠 사택 부엌 수도관이 부식되어 또다시 쥐가 출몰하고… 휴, 참으로 다사다난한 삶이다.

싱크대를 다 들어내고 무너진 공간을 자갈과 시멘트로 채워넣는 공사를 끝내고 겨우 쉬려는데 또다른 일이 생긴다. 건물이나 주변환경만 그런가?

영혼이 건강하지 않은 사람들이 만들어내는 불협화음 또한 끊이질 않는다. 그러나 이젠 말할 수 있다. 수많은 격랑 속에서 우리는 우리의 내면과 평화하는 법을 배운다. 수많은 현상 속에서 우리는 본질을 직시하는 법을 배운다. 폭풍우가 치는 바다 한가운데서도 곤한 잠을 주무시던 예수님처럼, 격랑 속에서도 흔들리지 않고 늘 사랑을 선택한다. 전보다 훨씬 더 단호하게 그리한다. 흔들리거나 조바심내지 않는다. 결국 모든 것은 지나간다.

고통도 유익하고 슬픔마저 아름답다. 그리스도의 도를 수련하는 도상에서 우리는 성숙을 향한 영적 변화를 경험하고 있다. 진화를 향해 나아간다.

뭔가를 잘하는 사람들

뭔가를 잘하는 사람들은 멋있다. 그리고 매력적이다. 그렇다면 그 멋과 매력은 어디로부터 오는지를 관찰해본다.

뭔가를 잘하기 위해서는 그 뭔가에 집중해야 한다. 그리고 끊임없는 성실과 인내가 필요하다. 그것을 잘하기 위해 단순한 삶의 구조도 잃지 말아야 한다. 열정과 더불어 균형도 잡을 줄 알아야 한다. 결국, 그 멋과 매력은 그들이 뭔가를 잘하기 위해 견지한 태도로부터 기인하는 것이다.

너무 열심히 해서 무언가를 잘하게 되었지만 몸이 망가져버린 사람은 진짜 멋이 없다. 그것은 균형을 잃어버린 열심이다. 균형을 기억하는 열심은 오히려 몸을 건강하게 한다. 자신의 몸을 학대하면서 행하는 열심은 진정한 열심이 아니다.

또한 뭔가를 잘한다는 것은 단지 기술적인 문제가 아니다. 자기가 있을 곳에 늘 성실히 머물기만 해도 무언가를 잘하는 것이다. 그런 의미에서 사정이 있어 좀 늦더라도 수요성서통독모임에 꼭 참석하시는 백 집사님과 이 집사님은 멋진 분들이다.

뭔가를 진짜로 잘하는 사람은 결코 누군가에게 보여주기 위해 노력하지 않는다. 묵묵히 자신이 할 수 있는 일들을 찾아서 날마다 성실히 하는 사람이다. 그러다보면 언젠가 뭔가를 잘하게 된다는 것을 아는 사람이다. 뭔가를 잘하기까지 지난한 과정이, 때론 지루한 일상이 지속되어야 함을 아는 사람이다. 뭔가를 잘 고치거나, 뭔가를 잘 이해하거나, 뭔가를 잘 깨닫거나, 뭔가를 잘 헤아리거나 뭔가를 잘 배려하거나…

뭔가를 잘하는 것은 성취지향적이면서 동시에 존재적이다. 그것은 결국 깨달음과 수련의 과정이다. 천천히, 균형을 잡으며, 성실하게, 열정적으로 사는 멋진 사람이 되고 싶다.

자연은 비교하지 않는다

아이들을 자연으로 데려다놓는 것이 격리인가? 아니다. 결코 그렇지 않다. 아이들은 자연 속에서 철저하게 보호받는다. 자연은 그 누구도 분리하거나 비교하지 않는다.

오직 인간만이 그러할 뿐이다. 하나님께서는 인간 각자에게 고유성과 유일무이성을 부여하시고 각자 받은 만큼의 달란트대로 살기를 원하신다. 자신의 배역을 잘 감당하면 그만이다. 모든 외적인 배경과 스펙이 하늘에서는 문제가 되지 않는다.

아이들은 자연 속에서 존재의 풍요로움을 경험한다. 비교당하지 않으므로 상처받을 일도 없다. 허허로운 대지의 기운을 맘껏 받으며 건강하게 자라난다.

21세기의 리더는 자연에서 태어난다. 왜냐하면 그들이 대지의 마음을 품었기 때문이다. 모든 생명을 끌어안는 대지의 마음을 품지 못한 사람은 리더가 될 자격이 없다. 그런 사람들이 세상을 망친다.

아이들을 자연으로 돌려보내라. 그것이 기성세대가 할 일이다. 인공지능 시대에 인류가 살아남을 길이다.

5부

회복

2018-현재

그들이 눈물 골짜기를 지나갈 때에,

샘물이 솟아서 마실 것입니다.

가을비도 샘물을 가득 채울 것입니다.

—시편 84: 6

남편이 다시 쓰러진 날

2018년 7월 1일 새벽, 4개월 동안 생명을 연장받으신 어머님이 끝내 돌아가셨다.

폭우가 쏟아지던 날, 예배를 마치고 부랴부랴 인천에 있는 장례식장으로 올라가는데 남편이 무척 힘들어했다. 혼자 연신 '나는 잘 버틸 수 있어'라고 입으로 되뇔 때 알아봤어야 했다.

3일장을 마치고 장지에서 하관예배를 드릴 때 비온 뒤 땅이 질어 불편한 몸으로는 올라갈 수 없었던 것이 못내 아쉬웠나보다. 남편은 삼우제 가는 것을 말리는 형제들을 뒤로하고 아주버님과 먼저 일찍 집을 나섰다. 출발한 지 10분 정도 되었을까, 아주버님의 다급한 목소리가 전화기를 타고 들려온다. 갑자기 어지럽고 메스껍다며 차에서 내린 남편은 그대로 쓰러졌다. 급히 응급실로 옮겼으나 이미 뇌출혈로 의식을 잃은 상태였다.

순식간에 내게 닥친 일들이 믿기지도 않을뿐더러 무엇을 어떻게 해야 할지도 몰라 미친 듯이 소리를 지르며 울부짖었다. 하늘이 무너져 내린다는 표현은 단지 문학적 수사가 아니었다. 이미 34년 전 뇌출혈로 사망선고를 받았던 남편이었다. 다시 뇌출혈로 쓰러지면 방법이 없을 거라던 의사의 말을 남편은 내 귀에 딱지가 앉도록 반복했다. 그러하기에 나 또한 마음의 준비를 충분히 했다고 생각했다.

그러나 막상 실제 그런 상황이 오니 전혀 준비되어 있지도, 될 수도 없는 것임을 알았다. 중환자실에 온 지 만 하루가 지난 오후 다시 출혈이 발생하면서 상태는 급격히 악화되었다. 이대로 가면 마지막이 될 수도 있다는 의사의 말에 큰 충격을 받았다.

후유증은 둘째 치고 생존을 위한 마지막 수술이 진행되었다. 선택의 여지가 없었다. 저녁 6시 반에 시작된 수술은 새벽 1시 넘어서 끝났다. 애타게 수술 결과를 기다린 내게 돌아온 결과는 뜻밖에도 참담했다. 부종이 너무 심해 이 정도면 바로 사망이라는 진단이었다. 수술이 너무 어려웠다며 당연히 마음의 준비를 해야 한다고 했다. 사망확률은 90%. 장례 이야기들이 오고갔다.

그런데 다음날 아침 병원에 도착하니 기적 같은 일이 벌어졌다. 고모가 의사 이야기를 전하길, 새벽에 극적으로 환자의 상태가 좋아졌다는 것이다. 사람을 알아보는 것 같다며.

수술은 성공적으로 끝났지만 아직도 매우 위험한 상태라며 의사 선생님은 이제부터 시작이라고 말씀하셨다. 나는 중환자실 앞 의자에 앉아 있었다. 나의 하늘은 아직 무너지지 않았다. 희망은 여전히 남아 있다. 아직 이 땅에서 남편이 해야 할 일이 남은 모양이다.

지금 이 시간에도 도처에서 수많은 사람들이 남편을 위해 기도하고 있다. 너무 감사하다. 한 생명을 살리고자 이렇게 많은 사람들이 합심하여 기도하다니… 그 응집된 사랑이 죽어가는 생명을 소생시키는 각본 없는 드라마를 쓰고 있다.

결과는 주님께 맡긴다. 분명한 것은 하나님의 나라는 결과에 있는 것이 아니라 과정에 있다는 것. 기도를 통해 우리를 하나로 묶어주시고 고통 속에서도 사랑을 통해 새 역사를 이루시는 주님께 감사드린다. 남편은 결국 살아날 것이다.

'김진희, 고마워'

오늘 점심 중환자실 면회에 들어가서 들은 첫마디이다. 입모양만 움직였지만 두 번 정도 반복했기에 깜짝 놀랐다. 저녁면회는 두 딸들을 모두 대동해서 들어갔다.

채원이가 "아빠, 나 왔어" 하며 아빠랑 눈을 마주치니 아빠가 열심히 입모양으로 이야기한다. 한참 유심히 아빠의 입모양을 보던 채원이가 말했다.

"죽을 뻔했는데 너 때문에 못 죽었다고 그러셔…"

채원이는 돌아서서 눈이 빨갛게 되도록 한참을 울었다. 오늘 따라 남편은 그냥 손을 잡는 것이 아니라 깍지를 낀다. 희원이가 그 순간을 사진으로 찍었다.

면회가 끝나고 이제 헤어질 때가 되어 빠이빠이를 해보라고 했더니 묶인 손으로 연신 흔들기까지… 할렐루야!

기대하지도 않았고 회복되기까지 오랜 시간이 걸릴 거라고 생각했는데 놀랄 만큼 남편의 의식이 빠르게 회복되고 있다. 병원에서도 차근차근 재활을 준비하고 있고.

멀리 진해와 마산에서 온 동기 목사들이 수많은 중환자실 환자들을 보았지만 굉장히 의식 상태가 좋고, 생명에 대한 본인의 의지가 강하게 느껴져 안심이 된다고 했다. 그러면서 남편 손을 붙잡고 힘차게 외친다.

"형! 살았어!!!"

그 말이 얼마나 큰 위로가 되던지…

정말 날마다 하루하루가 놀람과 경이로움의 연속이다. 내 눈에는 온 세상 가득 사랑뿐이다.

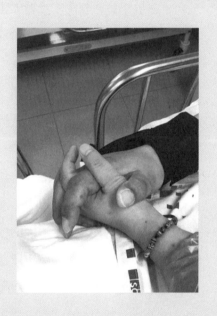

남편의 의식이 명료하게 돌아오면서 교회 걱정, 가족 걱정뿐이다. 특히 내 고생이 너무 많다고 생각하는 것 같다. 난 괜찮은데…

서리 전도사 파송 문제를 감리사님께 말씀드렸다고 하니 잘했다고 한다.

마비된 왼쪽 눈은 백내장 기운이 심해지는데도 안과 쪽에서는 연락이 없어서 걱정이다. 아직 이야기하는 것 중 반밖에 알아듣지 못해서 미안하고 답답하다.

굉장히 진지하고 중요한 이야기를 하는 것처럼 보이는데… 그런데 그 이야기에 집중하고 있으려니 많이 슬펐다.

"가고 싶어…"

"어디? 집?"

"하늘나라…"

그런데 못 간다고…

거기까지만 이해했는데 마음속에 슬픔이 가득 차 나도 모르게 왈칵 눈물을 쏟았다. 혼자 중환자실에 누워 얼마나 많은 생각을 하고 있을까… 빨리 중환자실에서 벗어나는 것이 지금의 목표다. 이제 내일이 지나면 처치실로 옮겨진다.

슬픔을 딛고 새로운 날을 맞이하기를 내 마음을 향해 다독여 본다.

2012. 4. 20.

돌아보면 돌아볼수록 남편에게 고맙다. 남편은 늘 막다른 골목에서 방황하던 내게 해결사 역할을 해주었다. 결혼과 동시에 불필요하게 얽혀 있던 모든 복잡한 관계와 이념들로부터 벗어나 숨쉴 수 있었다.

당위감을 강박처럼 달고 살던 내게 그렇게 살지 않아도 세상은 잘 돌아간다는 것을 가르쳐준 사람. 안골에서 이렇게 편하게 살 수 있게 된 것도 다 남편 덕이다. 모르는 사람들은 모두 내가 잘해서 지금까지 온 줄 알지만 그럴 때마다 남편은 억울해한다. 침묵을 향한 새로운 삶과 목회의 방향성은 철저히 남편의 고집으로만 가능한 것이었다. 나조차 침묵과 관상의 삶을 반신반의했으니….

나의 고지식하나 묵묵한 끈기와 남편의 명민한 직관적 판단과 융통성, 이 둘이 끊임없이 충돌하고 부딪히며 정반합을 통해 다 다른 어떤 지경들이 오늘의 안골 삶을 만들어냈다.

몸이 불편하다는 이유로, 젊고 건강한 아내와 비교된다는 이유로 남편의 출중한 능력이 과소평가되는 것은 상당히 유감이지만 나 역시 버거워만 보이는 일상 속에서 이 모든 것들을 통전적으로 볼 수 있는 여유를 갖지 못했다.

그러나 세월이 지나면 지날수록, 다른 사람들이 사는 모습들이 오버랩되면 될수록 남편의 결단과 과감한 선택들이 오히려 고맙다. 정말로 하나님에 대한 깊은 신뢰가 있지 않고서는 아무 것도 없는 안골로 가족들을 데리고 내려오는 결정을 남편으로서, 아빠로서, 목사로서 할 수 없었을 것이다. 남편은 행동의 중요성을 너무나 잘 알고 있었다. 행동하지 않으면 아무것도 얻을 수 없다는 것을…

나는 늘 감지하고만 있다. 남편의 자리는 있을 때보다 없을 때 비로소 자각된다는 사실을… 남편의 빈자리가 얼마나 클지 상상하기도 싫다. 지난 20년 동안 한결같이 자기 자신보다 늘 나를 더 사랑한 큰 사랑이 나를 성장시키고 감동케 했다.

그 사랑을 되돌려주어야 한다고 마음먹지만 항상 부족하다. 후회하기 전에 남편과 같이 이 땅에서 얼굴을 맞대며 살 때 더 많이 사랑하고 아름다운 추억을 많이 만들리라…

남편은 자주 내게 사랑한다고 말했지만 나는 그 말에 너무나 인색했다. 이제는 날마다 사랑한다 말하기에도 우리에게 남은 삶은 혹시 너무 짧은 게 아닐까…

할아버지가 병원에 있는 할머니에게 말을 건넨다. 오늘 밭에 가봤더니 팥이 싹 절단났더라구…

환자복의 할머니 왈.

으이구…사람이 싹 절단났는데 그깟 팥 절단난 게 뭐가 대수라고….

할머니 말씀이 귀에 맴돈다. 한 달 반 넘게 병원에 머물다보니 세상 사람들의 반은 다 환자인 것 같다. 병원마다 웬 사람이 그렇게 많은지… 그리고 예전엔 몰랐는데 요즘엔 하얀 구급차만 보인다. 하루에 아무리 못해도 2, 3대는 보는 것 같다. 볼 때마다 남편 생각이 나서 마음이 철렁한다.

이렇게 아픈 사람이 많은데 세상 사람들이 모르는 이유는 당장 눈에 보이지 않기 때문이다. 아픈 사람들이 병원 혹은 집에 꼭꼭 숨어 있기 때문이다. 속도와 경쟁에 열을 내는 사회에서 속도를 따라가지 못하는 사람을 열외시키듯이 아픈 사람은 가장 먼저 사회에서 열외 대상이 된다. 아픈 사람은 집에서도 천덕꾸러기가 되고 귀찮은 대상이 된다.

그래서 아프면 정말 서럽다. 그런데 건강한 사람은 정작 자신이 천덕꾸러기가 될 수도 있다는 생각은 하지 못한다. 그것도 어느 날 갑자기… 갑자기 마비가 된 사람들은 현실을 쉽게 받아들이지 못한다. 평소 아무것도 아니었던 작고 낮은 턱, 약간 울퉁불

통한 바닥, 고작 그런 것들이 자신의 삶에 얼마나 큰 장애물로 느껴지는지… 고작 그런 것들로 인해 자신의 몸이 바닥에 나뒹굴 수도 있다는 현실이 얼마나 큰 아픔인지…

내가 아는 분은 매우 유능한 분이셨는데 갑작스레 뇌출혈로 좌반신 불수가 된 후 장애인으로서의 실존을 받아들이지 못한 채 깊은 우울증으로 힘들어하다 자살을 택했다.

건강한 사람들은 아무리 노력해도 아픈 사람들의 마음을 헤아릴 수 없다. 정작 자신이 아픈 사람이 되면 그제서야 아픈 사람들의 심정을 이해하게 되는 것이다. 그러니 고통이 나쁜 것이라 할 수 있을까? 고통을 통해 우리는 비로소 그동안 알 수 없었던 수많은 약자들의 마음을 헤아리게 된다. 그러면서 억지로라도 걸음을 멈추게 되고 내가, 혹은 우리가 무엇을 잘못하며 살았는지 돌아보게 되고 내가 어떻게 살아왔는지 알게 되고 후회해도 소용없는 일과 삶에서 진짜 중요한 것이 무엇인지를 극명하게 알게 된다. 그러므로 고통은 모든 인간을 삶의 가장자리가 아니라 중심으로 인도한다.

고통 없는 세상은 생각할 수도 없다. 이것이 세상에 왜 고통이 있는가를 고민하는 사람들을 위한 답이다. 건강한 사람이 아픈 사람들을 이해하기 위해 해야 할 것은 세상에서 좀더 열외될 것, 좀더 천천히 걷고 자세히 볼 것, 약자들을 위한 구조물들에 좀더 관심할 것.

여전히 사랑이 중요하다. 중요하다고 생각하는 것은 머리지만, 사랑은 가슴이 먼저다.

그저 보고 있어도 보고 싶고, 설레고 두근거리고, 아련하고 가슴저리고, 인간이 느낄 수 있는 모든 감정이 사랑 안에 있다. 수많은 시간이 지나도 그러한 감정들은 세포 하나하나에 고스란히 남아 삶을 아름답게 채색한다.

사랑은 모든 것을 가능케 한다. 세상에는 그것을 믿는 사람과 믿지 않는 사람이 있을 뿐이다. 믿으려는 자는 뛰어들어야 하고 그게 진짜인지 가짜인지 실험하려는 자 역시 모험을 각오해야 한다. 삶에서 가장 중요한 것을 그냥 얻으려는 자는 사기꾼이다.

반드시 그 무게만큼의 대가를 지불해야 한다. 그 사실이 진짜 마음에 든다. 소중한 것을 쉽게 얻고 싶은 생각이 없다. 반백년을 살고 나니 사랑에 목숨걸기를 참 잘했다는 생각이 든다. 미친듯이 불도저처럼 사랑에 뛰어들어 한 사람을 온전히 이해하기 위해 바친 수많은 시간들이 아름다운 추억이 되고 삶의 근원적인 에너지가 되고 있다.

그것은 결코 비효율적이고 소모적인 게 아니었음이 삶으로 드러났다. 사랑은 거래도 비지니스도 아니다. 다시 태어난다 해도 지금처럼 살 것이다. 계산하지 않고 재지 않고 따지지 않고 내 영혼이 시키는 대로 따를 것이다.

이렇게 만족스럽게 삶을 살 수 있다니…

사랑을 선택한 삶은 마치 잘 짜인 각본처럼, 멋지게 직조된 천처럼 빈틈없이 실하다.

'힘내라'는 말은 더이상 쓰지 않겠다

난 알았다. 몸이 아픈 사람들에게 '힘내라'는 말은 결코 힘이 되지 않는다는 것을. 힘을 낼 수 없는 상황의 사람에게 '힘내라'는 말은 차마 가혹하기까지 하다. 차라리 '기도하겠다'라는 말이 낫다.

몸이 아픈 사람들은 깊은 우울감에 차 있다. 욕구를 충족할 수 있는 모든 감각이 통제되어 있기 때문이다. 그 깊은 수렁 속에 있는 사람들에게 '힘내라'고 말하는 것은 아무리 좋은 취지라 해도 힘이 있는 사람들의 입장에서 하는 이야기일 뿐이다. 그것은 결코 환자의 입장이 아니다.

생명의 힘은 위로부터 온다. 우리가 할 수 있는 것은 아무것도 없다. 그러나 그 무기력한 상황 속에서 아픈 사람 옆에 가만히 앉아서 손 붙잡아주는 것만으로도 생명의 에너지는 깃든다. 여러 말이 필요없다.

오늘도 절망에 빠진 누군가에게 문자를 보내면서 무의식적으로 '힘내세요'라는 말을 쓰려다가 멈칫했다. 결국 그 말을 쓰지 않았다. 마음이 아프거나 몸이 아프거나 약자를 이해하는 지경은 매우 조심스럽고 섬세해야 함을 알았다. 우리가 무심코 툭 뱉는 말들을 경계해야 한다.

예수 그리스도는 자발적으로 약자가 되셨다. 힘이 있으나 힘을 포기한 자. 우리가 약자 되었을 때 그것을 감사해야 하는 이유다.

진주 편지에 울다

나의 둘째 어머니, 사모님께.

사모님, 안녕하세요? 저 진주예요. 제가 한국에 와서 제일 감사하다고 생각하는 사람은 사모님이에요. 사모님 덕분에 예수님을 만나게 되고 제 삶을 변화시켰어요. 제일 큰 변화가 피아노 배운 것이에요. 베트남에 있었을 때 피아노를 한번 만지는 것이 제 소원이었어요. 한국에 와서 제 소원이 이루어졌네요. 피아노를 처음 배울 때 생각보다 많이 어려워서 힘들었는데 그때마다 사모님이 피아노를 쳐 주셨어요. 사모님의 피아노 소리를 들으면 제 마음속에 꽃이 핀 것 같았어요. 사모님의 마음은 피아노 소리처럼 아름답고 맑았어요. 그때 저는 사모님처럼 아름다운 마음을 갖고 싶어서 피아노를 계속 배웠어요. 하지만 목사님이 쓰러지신 이후에 제가 혼자서 피아노를 연습하지 못해서…

저는 항상 사모님께 감사하고 미안한 생각이 들어요. 지금도 학교나 교회에서 피아노 소리를 들을 때마다 뭔가 슬프고 아쉬워요. 그때 제가 조금 더 힘을 내서 혼자서 피아노를 연습했다면 아마 지금 저도 다른 친구처럼 피아노를 잘 칠 수 있을지도 몰라요.

사모님, 사막 같은 저의 마음에 아름다운 피아노 소리로 꽃을 피게 해주셔서 감사합니다.

앞으로도 늘 건강하고 행복하세요! 메리 크리스마스!!

−2019년 12월. 사모님을 사랑하는 진주 올림.

　지난 구정 즈음 몸이 안 좋으시다고 병원을 찾으신 친정아버지. 검사 결과는 충격적이게도 간암말기였다. 이미 장기와 척추로 전이가 된 상태라 더이상 손을 쓸 수 없는 지경이었다.

　더이상의 치료가 의미없다는 의사의 권유대로 연명치료를 거부하신 친정아버지는 곧바로 용인에 있는 샘물 호스피스 병원에 입원하시고 차분하게 죽음을 준비하셨다. 보호자가 환자와 함께 머물 수 있도록 배려하는 병원 덕분에 두 달 동안 부모님은 서로에 대한 깊은 사랑을 확인하면서 주님께 더욱 가까이 가는 시간을 가지셨다.

　돌아가시기 전 주일, 아버지는 임종이 가까이 왔다는 것을 아시고 자발적으로 곡기를 끊으시고 이런 말씀을 하셨다.

　"나는 지금 아주 평안하다. 아무것도 걱정하지 말아라. 주님께서 함께하신다."

　육체적 고통이 완전히 사라졌다고 하시며 하루에도 몇 번씩 맞던 진통제와 패치를 다 떼어냈다. 그리고 목요일 오후 2시 20분, 말기 암환자의 얼굴이라고 할 수 없는 희고 깨끗한 얼굴로 천국에 입성하셨다.

　더이상 아버지를 볼 수 없다는 슬픔은 말로 할 수 없지만 아버지께서 당신이 사랑하신 모든 사람들과 돌아가시기 전 충분하고도 넉넉한 사랑을 나누고 가셨던, 그야말로 잘 준비된 죽음 앞에 그저 감사할 뿐이었다.

코로나 때문에 면회가 전면 금지되어 전화로 안부를 물을 때마다 도리어 나를 격려하시고 남편의 고통에 깊이 공감하시면서 다 잘될 거라고 용기를 주셨다. 아버지는 '내가 아파보니 네가 얼마나 중요한 일을 하고 있는지 이제야 알았다'고 하셨다. 전화 속에서 늘 아버지는 호탕하게 웃고 계셨다. 그러면서 항상 너무나 감사하다고 몇 번을 말씀하셨다.

임종하신 아버지를 꼭 안아드리면서 아버지의 딸로 태어날 수 있어서 너무 행복했다고, 감사하다고, 사랑한다고… 천국에서 꼭 다시 만나자고 약속했다.

눈부시게 푸르른 날, 왔던 곳으로 아름답게 다시 돌아가신 아버지의 계절을 늘 기억할 것이다. 모든 것이 완벽했던 장례식이었다. 바쁘신 중에도 불구하고 장례식장을 찾아와주신 분들과 위로와 격려를 아끼지 않으신 모든 분들께 머리 숙여 감사를 드린다.

10달 뱃속에 품고 10시간 산통 끝에 내 새끼를 낳아보니 그제야 친정엄마의 마음이 헤아려져 눈물이 났다. 성질 까다로운 시아버지 섬기면서 살림하랴 남편 챙기랴 아들딸 셋을 키우느라 하루도 맘 편히 잠들 날 없으셨던 엄마.

엄마는 그 고단한 삶의 시간들을 쪼개어 새벽 4시면 어김없이 예배당으로 향하셨다. 날마다 눈물로 올려진 하늘을 향한 기도 덕에 엄마는 여섯 명의 손녀딸과 한 명의 증손녀를 본 믿음의 조상이 되셨다.

세상에 여자라곤 오직 엄마만 있는 것처럼 사셨던 아버지는 육신의 곤한 몸을 벗어난 후에도 영혼은 여전히 엄마와 우리 삼남매 곁에 머무신다. 돌아가실 때 그저 아쉬운 것이 있다면 일만 열심히 하느라 교회와 세상을 향해 좀더 봉사하지 못한 것이라 하셨던 아버지.

언제나 성실과 부지런함으로 당신들의 자리를 안정되게 지켜주셨던 부모님 덕분에 결혼 후 아무리 힘든 상황에서도 나는 파국을 고려하지 않았다. 생각해보니 자라면서 부모로부터 그러한 불안을 전혀 경험해본 적이 없었다는 사실을 알았다.

어떤 상황에서도 기죽지 않고 고통 속에서도 희망을 잃지 않고 다시 일어서는 법을 기도하는 엄마와 성실한 아빠로부터 자연스럽게 배워왔음도 깨달았다. 부모님의 아름답고 귀한 유산은 앞으로 나와 내 딸들 그리고 그 딸의 딸들에게 계속 되물림될 것이다.

그러므로 부모는 그리고 그 역할은 얼마나 중요하고 아름다운가 말이다.

사랑

신달자 시인은 뇌졸중으로 반신불수가 된 남편을 서른다섯살부터 24년 동안 수발했다. 남편도 모자라 시어머니까지 쓰러져 꼬박 9년을 수발했다. 그 고통의 시간 동안 온가족 집단 자살을 생각하고 남편의 심장을 쏘기 위해 '소리 없는 총'을 구하고 다녔으며, 시어머니를 너무 미워해 벼락맞을까봐 나가지도 못했다고 한다.*

그러나 그녀는 고통 속에서 하나님을 만났다. 그러면서 지나고보니 고통스러웠던 일보다 잘 견뎌낸 일만 남더라고 했다. 가끔은 그 남자 때문에 혀 꽉 깨물고 죽고 싶을 만큼 고통스러웠지만 다시금 그의 아내이고 싶다고 고백한다. 신명나게 도마질을 하고 수다를 떨면서 여보여보 부르며 숟가락으로 국물을 떠 맛보라고 권하고 싶다고.

---

* 신달자 『나는 마흔에 생의 걸음마를 배웠다』(민음사 2008) 참고.

그녀의 삶과 내 삶은 닮아 있다. 남편을 잃을 뻔한 시간들이 나로 하여금 잊고 있던 것들을 기억나게 했다. 지금 우리는 고통의 시간 속에서 몸과 마음과 영혼이 정금같이 정화되는 기회를 하늘로부터 부여받았다. 우리는 더이상 사람이 아니다. 천사다. 그러므로 그저 더욱 사랑하는 일 외에 이 땅에서 우리가 할 일은 없다.

오직 사랑만이 하나님을 이 땅에 드러낸다.

빗속에서 춤추는 법을 배워라

위기는 기회다. 모든 위기의 상황에서 우리가 선택해야 할 본질이 무엇인지 극명히 드러난다. 그러므로 회개하기 아주 좋은 기회. 회개를 의미하는 희랍어 메타노이아는 '생각을 바꾸는 것'이다.

잘못된 생각은 잘못된 말을 낳고, 잘못된 행동을 도출한다. 그러므로 위기는 언제든 도래할 수 있으며 오히려 그러한 상황을 감사해야 한다. 위기의 순간 우리는 무언가를 새롭게 배울 수 있는 학교에 들어서는 것이다.

이걸 아는 사람들은 폭풍우가 지나가기를 기다리지 않고 빗속에서 춤춘다.

할머니가 되다

2020년 11월 7일 오후 7시 즈음 희원이가 자연분만으로 3.2킬로의 건강한 딸을 출산했다. 다행히 산모도 건강하다. 17시간의 진통으로 엄청 지쳐 있긴 하지만…

지온이와의 만남은 10개월 만에 이루어졌다. 앞으로 우리 지온이가 들려주는 천국 이야기에 잘 귀기울여보려 한다.

순도 높은 영적 존재에게 경의를 표하며 기도해주신 모든 분들께 깊이 감사드린다.

주님, 감사합니다.

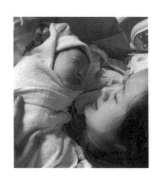

남편의 극심한 육체적 고통. 이명은 심하고 이명을 잊기 위해 핸드폰을 보면 눈이 충혈되고 목에는 가래가 끼고 팔다리는 쑤시고. 추운 겨울이라 무려 한 달 가까이 병원도 못 가고 집밖 출입을 전혀 못하다보니 몸뿐 아니라 마음의 고통도 쌓여간다.

누가 지극히 아픈 이 사람의 고통을 만분의 일이라도 헤아릴 수 있으랴… 나 역시 사지가 찢어지는 산통 속에서 깨달았다. 얼마 동안은 손 붙잡고 위로하다 몇 시간이 지나니 뒤로 물러나 멀찍이서 안쓰러운 표정으로 가끔 돌아보며 뉴스를 보던 가족들.

가족분만실 예약한 걸 후회했다. 그냥 혼자 아프고 말 걸… 고통은 오롯이 고통받는 자의 몫으로 남을 수밖에 없다. 만약 예수가 십자가에 달려 돌아가지 않았다면 그는 과연 인류의 구세주가 될 수 있었을까. 인간이 당할 수 있는 가장 끔찍한 고통을 당한 자만이 구세주의 반열에 오를 자격을 얻는다는 걸 하늘이 알고 시키신 일 아닐까. 그런 고통을 당해보지 않고 어떻게 인간의 삶과 진리에 대해 이야기할 수 있을까.

저잣거리에서 사람들과 먹고 마시기만 즐겨했다면 이천년 후 우리는 그를 기억할 수 있을까. 고대에도 사제를 뽑을 때 가장 고통을 많이 당한 사람을 택한 이유를 이제야 알 것 같다.

부디 남편이나 나나 잠자듯 이 땅을 떠날 수 있기를… 죽는 순간만은 고통이 없었으면 좋겠다.

책을 만나는 건 늘 운명이라고 생각했다. 그런데 책을 만드는 것 또한 운명이었다. 친정아버지가 어느날 갑자기 말기암 판정을 받으셨을 때, 난 왜 아버지께 책을 헌정할 생각을 했을까? 얼마 남지 않은 아버지의 삶에 왜 내 첫책이 기쁨을 드릴 거라고 생각했을까? 호스피스 병원에 계시던 아버지는 역시나 기뻐하셨다. 네 책을 품에 안고 천국 가련다… 웃으시며 말씀하셨다.

그러나 사실 그때 내 삶은 책을 내기엔 거의 불가능한 상황이었다. 두번째 뇌출혈로 쓰러진 남편을 매일 꼬박 21시간씩 보살피고 있었으니 말이다. 어쨌든 당장 출판사를 알아봐야 했다. 이리저리 머릴 굴려봐도 답이 안 나왔다.

걱정하고 있는데 남편이 이민재 목사님께 한번 여쭤보라고 강권한다. 그래서 전화를 드렸더니 광고창에서 몇 번 보았던 출판사라며 소개해주셨다. 맘이 급하기도 했지만 표지는 글과 같은 결로 가야 한다는 생각에 출판사에 맡기지 않았다.

출판사는 쿨하게 동의했다. 시각디자인을 전공하고 현재 산돌 디자인회사에 근무하고 있는 큰딸에게 둘째딸이 10살 때 그린 그림으로 표지 디자인을 만들어달라고 부탁했다.

표지 디자인은 빨리 완성됐다. 그러나 두 달 뒤 책 교정을 보고 있는 상황에서 아버지는 내 책을 품에 안지 못하신 채 돌아가셨다. 그 후 나는 제대로 원고를 보지 못했다. 내 마음 가는 대로 멈추거나 연락해도 되는 출판사의 시스템이 오히려 감사했다.

만약 빨리 교정을 봐달라고 독촉했거나 마감 날짜를 정해놓았다면 책은 나올 수 없었을 것이다. 연말이 다가오면서 아버지와의 약속이 마음에 걸렸다. 결국 달력의 마지막 장이 넘어가기 전 책이 완성되었다.

내 바람은 극적으로 단순하면서 꾸밈이 없는 책을 내고 싶었다. 말하자면 치장을 전혀 하지 않은 민낯 그대로인 상태, 도자기로 말하자면 초벌구이 같은 책이고 싶었다. 왜냐하면 내게는 쏟을 수 있는 에너지가 거의 없었기 때문이다.

독자에게 친절을 베풀 여유가 없었다. 있는 그대로를 보여줘야 했다. 가장 저렴한 인쇄비를 위해 한 달동안 작업했던 모든 사진을 지웠다. 프롤로그와 에필로그가 없고, 표지에 작가 이름이 없는, 작가 프로필 사진은 오래전 누워서 옆으로 찍은 셀카(딸들과 남편의 추천)에 마케팅을 전혀 고려하지 않은 제목… 이 모든 실험적 상황에 딴지를 거는 사람은 아무도 없었다. 결국 내가 원하는 책이 탄생했다. 책 제목은『일상에서 만나는 생태교육과 영성』이다.

책이 만들어진 것 또한 운명이다. 아버지는 이미 그걸 아셨고, 하늘에서 불가능을 가능하게 도우셨다. 이제 세상을 향해 나아가는 것조차 하늘이 하실 일이다.

밤의 정원에서 바다를 만나다

바람이 분다. 벚나무 가지가 흔들리고 잎사귀 부딪는 소리가 요란할 법도 한데 시끄럽지 않다. 정겹다. 바람은 신기할 정도로 포근하다. 바람을 맞고 있는 게 아니라 바람에게 안겨 있는 것 같다. 마치 엄마 품 같다.

휠체어에 남편을 태워 데리고 나온다. 같이 바람을 누리자고… 바람을 무척 좋아하는 사람. 나오자마자 눈을 지그시 감고는 온몸으로 바람을 느낀다. 이런 바람 속에 새봄 아기 새싹들이 돋아나고 꽃들이 꽃망울을 틔우는구나… 멋지고 아름답다.

저 멀리 개구리 울음소리도 그냥 좋다.

바람이 분다. 바람 소리는 어느덧 파도 소리가 되어 나를 바다로 인도한다.

한쪽 문이 닫히면 다른 쪽 문이 열린다. 내가 무언가를 얻었다면 무언가를 잃었기 때문이다. 문제가 생긴다는 것은 무언가 풀어야 할 것이 있다는 얘기다. 문제를 피하면 더 큰 문제가 생긴다. 문제에 집중하면 늘 해결의 실마리가 보인다. 문제는 풀라고 있는 것이다. 받아들이고 돌아서면 풀린다.

가장 힘든 시기를 지날 때조차 '지금 사랑은 무엇을 하려는가?'에 집중한다. 그리고 하나님은 우리에게 늘 가장 좋은 것 주시기를 원하신다는 사실을 의심치 않는다.

술집보다 교회

서울에서 그랬다. 이렇게 교회가 많은데 뭘 십자가를 또 하나 세우냐고. 그런데 예산 안골에 내려와 교회를 개척해보니 생각이 달라졌다.

교회라고 다 똑같은 교회가 아니고 각각의 방점이 다르듯 각각의 역할도 다르다는 것. 가장 중요한 것은 어떠한 형태든지 본질을 훼손하지만 않는다면 술집보다 차라리 교회 많은 게 훨씬 낫다.

감사, 그 놀라운 하늘의 법칙

그때부터였던 것 같다. 현관 앞에 놓여있던 쌀 한 포대.

초등학교 2학년 어린 딸도 있었는데 그와 나는 삶과 죽음을 그분께 맡기고 무^{nothing}와 비움^{empty}으로 우리가 정녕 말씀을 믿고 있는가를 우리의 실험대 위에 올려놓았던 그때, 우리는 쌀 한 포대를 만났다. 아, 하늘이 내 상황을 정확히 알고 계시는구나! 기적 그 자체였다. 그때를 생각하면 지금도 가슴이 벌렁거린다. 홍해의 기적이 눈앞에서 펼쳐졌다.

쌀 포대를 본 그날부터 나는 세포 하나하나에 감사를 새기기 시작했다. 그리고 알게 되었다. 감사는 자석과 같아서 감사하면 또다른 감사의 상황이 달라붙는다는 것을… 계속… 계속… 영원히…

이제는 '모든 일(범사)에 감사하라'는 말씀이 얼마나 놀라운 하늘의 법칙을 선포하고 있는지 소름끼치도록 안다. (여기서 '모든 일'은 '어떠한 상황에서라도'의 의미이다.) 감사는 준비된 하늘의 선물을 쏟아지게 하는 열쇠였던 것이다.

세포마다 각인된 당신과 나의 감사는 넘치고 넘쳐 바다를 이룰 것이다. 그 바다에서 모든 인류가 사랑과 평화로 서로 얼싸안으며 함께 만날 것이다.

고로 모든 일에 감사하라!

먼저 감사하라! 항상 감사하라!

2020년 1월 19일 주일, 시가 흐르는 예배를 시작하기 바로 전
드린 기도문은 다음과 같다.

2020년 한 해 동안 우리는 시를 통해 평화를 연습하려 합니다.
평화하기 위하여 우리의 무의식과 의식을 정화시키고
정제되고 정화된 언어들로 채우기 위해
침묵을 연습하게 하시고 그 침묵 끝에 피어나는
사랑과 평화의 언어로 세상을 향해 노래하게 하옵소서.
부디 우리가 살면서 세상이 아주 조금이라도
나은 곳으로 바뀔 수 있었으면 좋겠습니다.

한 해 동안 시가 흐르는 예배를 통해 나눈 시들이 드디어 시집
으로 나왔다. 이정호 집사님께서 멋진 캘리와 그림으로 표지를
만들고 흩어진 시들을 정리해주셨고, 박효신 선생님께서 꼼꼼하
게 편집을 해주셨다.
　그러한 수고들이 모여 시집이 완성되었다. 제본비를 아껴야
하는지라 욕심을 내려놓을 수밖에 없는 부분들이 있었지만 소박
하게 만들 수 있는 것도 은혜가 아닌가.

풍선초 씨앗에는 완벽한 하트가 그려져 있습니다. 창조주 하나님의 놀라운 솜씨가 가히 경이로울 뿐입니다.

씨앗으로 사랑을 전하는 것은 생태적 영성의 실천입니다. 위기의 지구를 구하는 것은 거창한 구호가 아니라 오늘 지금 내가 선 곳에서 한 알의 씨앗을 심는 일일 것입니다.

씨앗을 나누는 것은 그런 차원에서 가장 멋진 전도가 아닐까 생각합니다. 건네받은 씨앗을 심고 그 씨앗이 자라 열매를 맺으면 또 다른 곳에 건네주고… 그렇게 우리는 한반도 곳곳에 풍선초가 가득한 정원을 꿈꿉니다.

하트가 그려진 씨앗을 받은 사람들의 놀란 표정을 보는 것도 행복입니다. 안골에서부터 시작된 씨앗나눔선교가 널리널리 확장되길 기도하며 올해는 서울, 경기, 충청 지역 20여 가정에 씨앗을 전달하였습니다. 앞으로도 계속 될 것이지만 내년엔 더 많은 가정에 이 아름다운 선물이 보내지길 기도합니다.

희귀사진

마비되기 전, 이미 10대 후반부터 기타를 잡고 일했던 시절…
베이시스트로서 잘나가던 그때의 사진을 최근 남편 지인이 보내
주었다.

건장한 몸, 탁월한 패션 감각, 실력있는 기타 연주에 수많은 인
기를 구가하던 시절. 당시 아이돌급 인기로 많은 여자들을 울렸
다는 후문이… 음악하던 남편 지인들로부터 들은 이야기인데 소
위 연예인 '삘'이 나는 건 확실하다.

26세 뇌출혈로 1차 사망선고, 35세 결혼, 46세 목사안수, 60세
두번째 뇌출혈로 2차 사망선고를 받았지만 또다시 세번째 삶을
살고 있는 남편. 육체적 고난은 많았지만 어지럽고 탁한 세상으
로부터 구분되어 영적 순수의 시공으로 인도받은 것은 분명한
것 같다.

부디 건강을 다시 회복하여 불멸의 삶으로 이끄신 하나님의
깊고 오묘한 뜻을 전해주소서.

2021년 한 해를 마무리하면서 이건 꼭 기억하자. 여기까지 결코 너 혼자의 힘으로 온 게 아니란 걸 말이야. 하늘에서 인연 맺어주신 마음 따뜻한 사람들과 눈부신 햇살, 푸른 하늘, 흰 구름, 마당의 꽃들, 엄마 품 같은 안골 예배당.

이 모든 것들로부터 받은 생명의 에너지로 삶의 모든 어려운 순간들을 견뎌낼 수 있었음을 다시 한번 마음에 새기며 감사하자.

어제 봉쇄 수도원 수사들의 삶 보았지? 하루에 한 끼 아무 반찬도 없이 쌀밥 한 공기를 먹으며 기도와 노동과 침묵을 살아내는 모습. 그 공기밥 한 그릇을 먹으면서도 그들은 북한 사람들이 굶어 죽고 있는 걸 걱정하더라.

눈물이 났어. 나는 아직 멀었구나… 참 멀었구나…

나의 시선이 어디를 향해야 하는지를 깨닫는 찰나였지. 그들에게 고인 침묵으로 인해 그들은 마치 걸어다니는 자연 그 자체였어. 아무 말 하지 않아도 평화의 기운과 존재의 맑고 푸른 향이 그들로부터 흘러나오더라.

새해에는 더욱더 침묵 속에 거하는 시간을 많이 가져보자. 존재 자체로 평화와 사랑이 되자. 네 안에 살아 역사하시는 예수 그리스도를 많이 사랑하자.

에필로그

"남편 따라 시골로 내려가. 가서 굶게 되면 굶고, 죽게 되면 죽어. 그게 순교야!"

이것이 20년 전 나를 안골에 내려오게 한 하늘의 메시지였다. 생전 처음 세미나에서 만난 목사님으로부터 이런 메시지를 들은 나는 뒤통수를 망치로 맞은 듯 큰 충격을 받았다. 그 순간, 살고 죽는 것은 그저 종이 한 장 차이에 불과하다는 것을 깨달았다. 놀라웠다.

아! 이렇게 생각할 수도 있구나. 내가 왜 진작 이런 생각을 못하고 살았을까… 생각이 바뀌면 삶이 바뀐다. 죽기로 작정하니 갑자기 모든 두려움이 사라졌다. 그저 뿌옇기만 하던 모든 것들이 명료해졌다. 내 인생의 가장 중요한 터닝 포인트였다.

내 인생의 각본은 결국 하늘이 정하신 대로 흘러가고 있었다. 신학대학에 진학하고자 했을 때 아버지는 극렬하게 반대하셨어도 엄마는 아니었다. 정확히 말하면 반대할 수 없으셨다. 엄마는 나를 조용히 부르시더니 이렇게 말씀하셨다.

"세 남매 중 한 명은 주님께 바치겠노라 기도했는데 그게 너일 줄은 몰랐다. 마음속으로만 생각했지 한번도 입밖에 내지 않았던 생각인데… 이왕 그런 선택을 하기로 마음먹었다면 감리교의 위대한 여성 지도자가 되거라…"

그 후로 30년의 세월이 흘렀고 며칠 후면 나는 충청연회에서 목사안수를 받는다. 엄마와의 약속에서 '위대한'이란 형용사는 미완성인 채…

용기와 패기에 똘똘 뭉쳐 곧 죽어도 신학교 가서 주의 일 하겠다던 열정은 거센 세속의 풍파 속에서 여지없이 무너졌다. 하지만 무수한 시간 동안 뺀질거리며 하나님의 시선을 피해다니던 나를, 안골에 내려와서도 적지 않은 시간 남편 옷자락 뒤에 숨어 안도하던 나를 기어코 끌어내서 주의 종으로 만드시는 그분의 섭리에 다시 한번 머리를 조아리지 않을 수 없다.

아픈 남편 돌보느라 밤잠 한번 제대로 자보지 못하고, 하루종일 옆에 붙어 대소변을 치워야 했던, 내 인생에서 가장 혹독한 지난 3년은 진짜 '종'으로서의 삶을 관념이 아닌 몸으로 살아내야 했던 수련의 시간이었다.

한발짝 물러서서 내 삶을 관찰하면 길이 보이고, 그분의 섭리가 보인다. 과거와 현재, 미래가 지금이라는 영원 속에서 나선형으로 공존하는 그 안에는 사람과 사랑이 존재한다. 남편은 내게 특수인 동시에 보편적 인류였다. 한 사람을 온전히 이해하는 것은 과연 우주를 이해하는 것만큼 어려운 일이었다. 아픈 남편의 실존을 온전히 받아들이기 위해 밤잠 못 자며 눈물로 기도한 시간들만큼 나의 내면에는 원망이 아닌 긍휼만이 오롯이 채워졌다. 그것이 주님의 은총이다. 전보다 감사가 더 많아졌다. 아니, 감사로 가득하다. 내 안에 있던 일말의 부정적 기운들도 모조리 사라졌다. 가장 고통스러운 시간들은 내게 가장 깊은 평화를 안겨주었다. 이것이야말로 예수 그리스도를 따르는 사람들이 그의 십자가의 길을 포기하지 않았을 때 마침내 마주하는 '위대한 반전'이다. 죽고자 하는 사람들은 결국 산다. 그것도 아주 잘…

과연 내가 포기한 것은 무엇이었을까? 나는 사람들이 상상할 수 없는 기적의 일상을 날마다 누리며 살고 있다. 예수 그리스도가 보여주신 '위대한 반전'을 온 삶으로 체험하며 살고 있는 것이다. 아, 진짜 좋다. 예수를 따르는 일은 정말 너무 멋진 일이다.

나는 세상이 각박하다는 말을 믿지 않는다. 내가 사는 세상은 늘 사랑이 넘쳤고 돕고자 하는 마음을 가진 천사들만 가득했다. 지금도 여전히 안골에서 수많은 천사를 만난다. 지난 20년 동안 안골교회를 위해 기도해주시고 사랑을 베풀어주신 모든 분들께 이 자리를 빌려 머리 숙여 감사드린다. 그 수는 하늘의 별처럼 많아서 혹여나 빠뜨리는 분들이 있을까봐 일일이 호명하지 못하는

점 양해 부탁드린다.

이 원고들 중 많은 부분은 안골 정착 후 숭실고 '경배와 찬양' 팀과 안부를 주고받기 위해 2001년 만든 프리첼 커뮤니티에 일기처럼 올렸던 글들이다. 프리첼 서비스가 2013년 완전히 종료되기 직전 숭실고 제자인 박충만 군이 모두 한글 파일로 저장해준 덕분에 20년이 지난 지금까지 보관할 수 있었다. 글은 물론 사진과 댓글까지 일일이 옮기느라 오랜 시간 고생했던 충만이에게 깊은 고마움을 전한다. 그리고 출판사를 찾지 못해 오랜 시간(초창기 10년과 그 후 10년을 더해 꼬박 20년 동안) 먼지 속에 묻혀 있던 원고들이 세상을 향해 걸어갈 수 있도록 기회를 주신 북인더갭 출판사 안병률 대표님과 김남순 실장님께 진심으로 감사드린다.

마지막으로 가장 어려운 시절 함께하며 신뢰의 공동체로서 든든한 사랑의 울타리가 되어준 안골교회 식구들과 늘 밤낮으로 기도해주시는 양가 가족들, 여전히 살아서 나의 영적 스승이 되어준 남편, 언제나 멋진 두 딸 희원이와 채원이, 듬직한 사위 태민이와 딸보다 더 예쁜 손녀딸 지온이에게 말로 형용할 수 없는 사랑과 감사를 보낸다.

안골교회가 걸어온 길

2001. 8 서울에서 안골로 적을 옮기다. 사역을 하다 굶게 되면 굶고 그래서 죽게 되면 순교라고 생각하기로 결심. 그러던 중 예산에서 중증 장애인들을 만나다.

2001. 12 곰두리 장애인 차량봉사대 창립기념 작은 음악회(안골교회).

2002. 3 황계분교 어린이들을 위한 작은 음악회(안골교회).

2002. 4. 17 기독교대한감리회 안골교회 창립예배.

2002. 10 예산 지역 장애인과 함께하는 맑.은.숨 음악회(예산문화원).

2003~현재 안골금요독서모임(매주 금요일 저녁 뜻을 같이하는 사람들이 모여 거룩한 독서를 통해 영적 성숙을 꾀함. 안골교회 사역 중 예배 다음으로 중요한 부분임. 현재는 코로나로 인해 카톡 단톡방으로 진행되고 있음. 참석인원 10명).

2003. 5 예산 지역 어린이들과 함께하는 피아노 한마당(예산문예회관, 예산군 복지관 자폐아동 초청).

2003. 7 숭실 중·고등학교 농촌 봉사활동 및 마을 잔치.

2004. 7 예산 지역 어린이들과 함께하는 피아노 한마당(예산제일교회, 2004 행정자치부 지원사업 선정).

2004. 8 숭실 중·고등학교 농촌 봉사활동 및 마을 잔치.

2004. 12 예산 지역 장애인들과 함께하는 성탄 클래식 음악회(예산문예회관, 성 미카엘 챔버 오케스트라와 함께).

2005. 6 예산 지역 장애인들과 함께하는 연극 공연(예산문예회관, 극단 we-lord 「그들에게 무슨 일이?」).

2005. 12~2006. 4 문맹 퇴치를 위해 안골 마을 주민들을 대상으로 '한글교실' 진행.

2006. 2. 25~9. 27 휠체어 출입이 가능한 황토 예배당 건축 완공(서울 아현중앙교회 창립 50주년 기념 예배당으로 봉헌).

2006. 8. 7~9 서울 정릉감리교회 청년부 단기선교팀 주최 무봉리 주민 초청 잔치(의료 선교 및 이·미용 봉사, 이후 10년간 계속됨).

2006. 11. 22 새성전 봉헌 예배(예산 지방).

2006. 12. 30 송년 및 봉헌 기념 '르네상스 음악회'—브아믹스 앙상블과 함께(안골예배당).

2007. 5. 17 안골교회 주최 기독교 방주복지관 예배인도 및 식사 봉사 시작(안골교회 성도님들의 정성을 모아 외부의 지원 없이 격월로 봉사).

2007~2017 여름마다 5, 6차례씩 기독 청년들의 농촌봉사활동이 계속됨.

2007 가을~2015 매년 도시교회 여선교회 회원들과 안골 주민들 사이의 농산물 직거래를 도움.

2011. 6~2012. 12 매주 수요일 예산군 장애인 복지관에서 장애인들과 찬양 예배 모임을 가짐.

2011~2018 매달 마지막 주일 신양면 소재 정신지체 요양원 '아름다운 집' 장애인들과 찬양과 예배를 통한 마음치유 시간을 가짐.

2011. 12~2012. 2 안골교회 주최 무봉리 마을학교 운영(국어/글짓기, 체

육/몸체조, 미술, 음악).

2012. 2 ~ 2017. 12 예산군 지원 무봉문해교실 시작.

2012. 10 ~ 2018. 6 안골하늘숨학교 시작(초, 중, 고와 함께하는 생태영성 학교, 매월 마지막주 토요일 모임).

2013. 12. 24 안골 게스트 하우스 '충만관' 완공(안골교회 초대청년부 회장 박충만 기증).

2014. 5 안골 청년생명아카데미 시작(청년들을 대상으로 하는 생명교육). 안골지기 김진희, 무봉리 부녀회장으로 선출됨.

2017. 8 무봉리 꽃차 동아리 시작(무봉리 마을공동체 사업 일환).

2017. 12 무봉문해교실 졸업식(졸업자 10명).

2018. 1 안골교육영성연구소 시작. 무봉리 역사상 처음으로 마을 어르신들이 자발적으로 부녀회비를 걷음(부녀회 활성화의 신호탄).

2018. 7. 5 서영수 목사 두번째 뇌출혈로 쓰러짐.

2018. 8. 5 김진희 전도사 안골교회 파송.

2019. 4 서영수 목사 공상 ^{公傷} 은퇴(충청연회).

2020. 1 매월 마지막 주일 '시가 흐르는 예배' 시작.

2020. 9 매월 첫 주 '환경회복을 위한 예배' 시작.

2020. 11. 7 안골교회 최초 유아세례식(세례인도: 서영수 원로 목사, 세례자: 김다연, 아동세례 : 최진아).

2020. 12 안골교육영성연구소 책 출판 시작. 첫 결과물 『일상에서 만나는 생태교육과 영성』(저자 김진희) 출간.

2022. 4. 17 안골교회 창립 20주년 기념예배 예정.

2022. 4. 22 충청연회에서 김진희 전도사 목사 안수식 예정.

산 너머 안골에는 누가 살길래

초판 1쇄 발행 2022년 4월 10일

지은이 김진희
펴낸이 안병률
펴낸곳 북인더갭
등록 제396-2010-000040호
주소 10364 경기도 고양시 일산동구 고봉로 20-32, B동 617호
전화 031-901-8268
팩스 031-901-8280
홈페이지 www.bookinthegap.com
이메일 mokdong70@hanmail.net

ⓒ 김진희 2022
ISBN 979-11-85359-43-4 03230